官民を超えた渋沢栄一の福祉実践

欧米からの知と前近代からの継承

渋沢栄一と「フィランソロピー」 4

[責任編集]
見城悌治/飯森明子/井上 潤

兼田麗子[編著]

Shibusawa Eiichi and "Philanthropy"

ミネルヴァ書房

シリーズ出版『渋沢栄一と「フィランソロピー」』（全八巻）刊行にあたって

渋沢栄一（一八四〇～一九三一）は、近代日本を代表する実業家としてよく知られている。そのため、経営史・経済史の側面からの研究はきわめて多く、渋沢の企業者活動の総合的分析がまとめられるに至っている。しかしながら、渋沢が六〇〇にも及ぶ公益慈善事業（団体）にも多大な貢献をしてきたことは、あまり知られていない。そうしたなか、東京養育院を中心とした社会福祉、現在の一橋大学などを事例とした商業教育の高等化・人材の育成、太平洋問題調査会（ＩＰＲ）を通した民間外交、明治神宮建立などから見る文化事業などをめぐる個別事例研究はおこなわれているが、渋沢の「フィランソロピー」活動の全体像は把握されていない。

そこで、多方面にわたる渋沢の「フィランソロピー」活動を、八つの視点から多角的に分析し、渋沢の思想を重層的に考察する本シリーズを発刊することとする。その際、その背景にあった論語、漢学の果たした役割の再検討、渋沢の「公」、「国」、「民」、「私」に対する認識の再考も併せて果たしていきたい。

本来、フィランソロピーは、人類愛にもとづく、個人や団体の慈善活動、奉仕活動など、自発的で利他的な活動を意味する。またこれは、アメリカでよく使われる言葉で、イギリスの場合はチャリティと呼ばれることが多い。しかし、日本社会にもこのような慈善・奉仕活動は存在した。そこで、本シリーズではキリスト教との繋がりが深いフィランソロピーとは区別する概念として明示するため、「フィランソロピー」と「　」（カギ括弧）を付けて表記する。

ところで、渋沢栄一の「フィランソロピー」に関する考え方は、アメリカからの影響が強い。彼は二〇世紀初頭に四回訪問したアメリカが、日本の将来に最も大きな影響を与えると直感した。ヨーロッパや東アジアには見られない底知れぬ若い力、多種多様な伝統や慣習を持つ移民がいかにしてアメリカ社会に溶け込み、経済社会を急速に発展させている理由をビジネスだけでなく、政治、外交、文化、教育、思想、宗教など多方面に求めようとした。とりわけ渋沢は、アメリカの実業家が、各地で公益事業に莫大な資金を投入していることに瞠目した。政府や地方自治体の手が及ばない公益事業を民間実業家が率先して行い、それが地域社会の経済・文化の振興や人材育成に大きな成果を上げていることに強い関心を示したのである。渋沢は、明治以降急速に導入されていった欧米の文明・文化と、儒教、神道、仏教などの旧来の文化とをどのように調和させるかを課題の一つと考えていた。アメリカのフィランソロピーの理念や活動についても、渋沢は欧米と日本の共通性と相違点に留意しながら慎重に公益事業を進めていったのである。

本シリーズで八つの視点から取り上げる諸テーマは、近代日本の創造に大きな足跡を残した渋沢栄一に対する理解をより深化させるだけでなく、幕末から昭和初期まで駆け抜けた渋沢の九一年の生涯を通じて、歴史の連続性と断絶性を再認識することができるだろう。このシリーズが、二一世紀の日本と世界が直面する課題解決のための助けとなることができれば幸いである。

二〇一六年一二月

責任編集者

見城悌治・飯森明子・井上　潤

はしがき

明治維新後の近代化、資本主義化のなかで渋沢栄一は、日本を経済発展させ、欧米先進国と肩を並べるほどの豊かな社会にするために五〇〇近く企業の設立や経営に取り組んだ。渋沢は次のように考えていた（渋沢「慈善救済事業に就て」（『竜門雑誌』二六三号、一九一〇年（『伝記資料』三〇巻、四二二頁））。

維新以来四十余年、実に我邦百般の事物は皆面目を一新して、政治なり教育なり軍事なり、又た我々が従事して居る実業なり、総て之を維新前に比べて見ると、殆ど隔世の感があつて霄壌の差も啻ならぬと云ふ有様であります、（中略）今日は夫れだけで悉く満足して居つてよろしいか、遺憾に思ふものはないかと云ふと、然うは参りませぬ、即ち弱者保護に関する事業と云ふものは、他の国々と比較して甚だ発達して居ないやうに思ふ、是れは大に憾みとしなければならぬ。

ビジネスに成功して公益慈善事業をおこなう企業家は数多く存在するが、渋沢のように、経済人として歩みながら同時に社会福祉事業にかかわっていた例は多いとはいえないだろう。渋沢は、経済活動の数を上回る六〇〇の公益慈善事業にも携わった。その中でも代表的なものは東京養育院で、一八三七年の設立から、院長在任のまま一九三一年に死去するまでの六〇年間、その運営にかかわった。その間に渋沢は、社会福祉施設が抱える多くの問題に直面した。なぜ渋沢は、企業活動をおこないながら社会福祉に尽力したのであろうか。

江戸時代に生まれた渋沢は、日本の伝統的な思想と欧米の状況から学び、富めるものがさらに富む社会ではなく、国民全体で豊かになっていくことをめざして、経済と福祉の両立をはかろうとリーダーシップを発揮した。渋沢は、江戸幕府最後の将軍の弟、徳川昭武がパリ万博へ招待された幕末に欧州へ随行し、明治時代になって帰国した。また、アメリカに関してはその後、四度も訪問し、社会貢献にも尽力していた人物たちと親交をもった。

経済活動に邁進することを否定するのではなく、道徳的な姿勢での利益追求を推奨し、公益慈善事業もリードした渋沢について、福祉実践を個別に深く掘り下げて考察することはきわめて重要な作業である。これまでにも貴重な先行研究が渋沢の福祉実践を専門に研究する先人たちによっておこなわれてきた。本書ももちろん、渋沢の福祉実践に迫ることを目的としている。ただし本書は、渋沢の福祉実践のみを直接顕彰するのではなく、渋沢が影響を受けたと考えられる欧米諸国の福祉の状況、および近世から渋沢の同時代までの日本の福祉事業を比較考察することによって、渋沢の福祉実践の特徴を浮き彫りにすることを目指した。

渋沢が欧米諸国のどのような状況を見聞し、影響を受けたのか。西欧のフィランソロピーをどのように受容したのか。日本の状況はどのようなものだったのか。明治以降の日本が欧米思想を受容した際によく見受けられた伝統思想とのいわゆる折衷化というようなスタイルが渋沢の福祉実践にも見受けられたのか。これらは、比較考察によって浮き彫りになってくるはずである。渋沢の福祉実践の特徴を理解するには、本書が目指した作業は避けて通ることができない。

本書の執筆に当たっては、渋沢研究を主とする研究者、福祉やフランス、イギリス、アメリカといった地域の研究者たちが結集し、渋沢にゆかりの深い日仏会館、聖路加国際病院、東京都健康長寿医療センター、日本工業倶楽部、渋沢栄一記念財団などで研究会を繰り返し開催した。毎回の研究会での真摯な議論は白熱したが、今となっては楽しい思い出であり、刊行はこの上もない喜びである。このような機会を与えてくださった公益財団法人渋沢栄一記念財団に執筆者を代表してお礼申し上げます。

二〇二四年九月

兼田　麗子

官民を超えた渋沢栄一の福祉実践
――欧米からの知と前近代からの継承――

目次

凡　例

・渋沢青淵記念財団竜門社編纂『渋沢栄一伝記資料』全五八巻、別巻全一〇巻（渋沢栄一伝記資料刊行会、一九五五〜一九七一年）からの引用は、「『伝記資料』××巻、××頁」と略記する。
・引用史料中の旧漢字は、原則的に新漢字に、カタカナ送り仮名はひらがな送り仮名に変えている。また、読みやすさを考慮して、適宜読点を加えた。
・本書において差別的な表現が含まれている場合があるが、時代背景と歴史的な事実を伝えることを重視して、そのままとした。

序章　渋沢栄一ならではの福祉実践とは何か

兼田　麗子

一　本書の問題意識

（1）渋沢栄一の「福祉」における役割

「殖産興業」「富国強兵」が唱えられた明治期、渋沢栄一も、もちろん、経済発展を遂げて欧米先進諸国と肩を並べるほどの豊かな社会になっていくことを目指した。経済的に豊かになっていくためには、資本主義体制下で自由闊達な経済活動をおこなう重要性を渋沢は認識していた。

しかし渋沢は、経済が発展すればそれで良いと考えていたわけではなかった。渋沢は、市場原理を追求して民間が各自努力することを重視したが、格差が拡大する中で貧困にあえぐ人たちを税金で救済する必要性を排除してはいなかった。社会福祉へのかかわりを公益の追求の一環としてとらえ、自らが深くかかわったのである。

渋沢の思考の中で経済活動と福祉活動は、どのような影響を受けながら、どのように関係づけられたのか。そしてどのようなかたちで渋沢は携わっていったのだろうか。

（2）歴史の中における福祉の位置づけ

渋沢の時代の福祉を考察していく本書では、「慈善」という言葉も出てくる。「慈善」には、生きていく上で必要な救済をお恵み的に施す、というニュアンスが含まれると考えるが、これは、福祉の「消極的」な側面と捉えて論を進めていきたい。

歴史を遡ると、この「慈善」は、それぞれの時代の中で多々おこなわれてきた。恩恵的に施すその主体は、「お上」、いわば為政者であったり、また富裕者や篤志家であった。

施しをおこなう理由については、「大量の餓死者が恒常的に発生するような社会は存続が危ういため、社会の構成員は何らかのかたちで扶助をおこなって社会を安定させていかなくてはならなかった、また、そのような理由だけではなく、人間それ自体が、目の前で困っている人がいると、放置することはできないという傾向を有するのだ」(1)という説明があるが、提示された二つの視点には説得力がある。

つまり、為政者が税を基にした財源を活用して、あるいは、人間として見て見ぬふりをすることができなかった人たちが自分たちで資金を都合して、貧困にあえぐ人々を救済してきた歴史はさまざまな社会で見受けられてきた。

（3）担い手と財源――横たわる根本的な問題

「社会福祉学とは、貧困のような何等かの生活課題についてその課題解決の方策を探ることを目的としている。課題解決の方策として、一つは法制度の立案と運用、もう一つは課題をかかえる人への個別的支援がある」(2)と杉山博昭は指摘しているが、福祉には、法律、政策、そして実践者の思想や事例など、多面的な方面から接近することが可能である。

そうではあるが、福祉においては、誰がどのようにして課題解決をおこなうのか、どこまでおこなうのかの方法を考えることが、根本的な問題である。たとえば、為政者が集めた税金で制度として福祉を展開するのか、人間愛に突き動かされた人が自分の資金、あるいは仲間たちで募った資金でおこなうのか。根本的な問題は、担い手と財源であるといっても過言ではないだろう。財源が豊かにあるのならば葛藤はそれほど存在しないのかもしれない。しかし、この財源の問題と公平、正義、効率という問題のあいだのジレンマが歴史的に存在してきた。

特に、市場経済システムの社会下では、何を税金で賄うのか、何を市場に任せるのか、が常に大きな論争となってきた。つまり、福祉においては、何を「官」がおこなうのか、何を「民」に任せるのか、古今東西、「官」と「民」のはざまで揺れ動いてきたのである。

その「官」と「民」のあいだで揺れ動いてきた問題、という範疇において渋沢がおこなった福祉事業を、渋沢に影響を与えた欧米の福祉の思想や実践、フィランソロピストとの交流、および日本の前近代から継承されてきた福祉についての考え方や実践との比較を通じて、多面的な考察を加えることを本書の課題とした。

二　渋沢の福祉実践の源・糧となったもの

では、渋沢自身がめざした福祉事業とはいったいどのようなものであっただろうか。渋沢の福祉実践の源、あるいは糧となったものを本書の構成を紹介しつつ探ってみることにする。

まず第Ⅰ部では、渋沢に影響を与えた英仏の社会福祉、慈善活動について考察する。

(1)　欧米から学んだ新しい視点

①イギリスからの学び

岡村東洋光「渋沢栄一はいかに慈善思想を形成したか――イギリス人ラウントリーの多様な救済事業を通じて」（第一章）は、渋沢の慈善思想の形成に影響を与えたものの例として、渋沢自身の欧米訪問のみに限らず、渋沢に提供された穂積陳重による「歐羅巴慈善情報」と田中太郎「泰西社会事業視察一般」についても考察を加えている。その上で、同時代のクエーカーの実業家、ラウントリーとの比較をおこなっている。

ラウントリーが「民」の立場から社会の問題を発見して三つのトラストを設立し、その解決に取り組んだことに対して、渋沢の場合は、「官」や官民協同での福祉実践も見受けられる。両者の「官」と「民」に関する相違、すなわち、ラウントリーが独立度の強い「民」の動きに終始した理由の一つには、チャリティの法制度、すなわち税制度の優遇措置という側面も関係していることを岡村論文は指摘しており、「官」と「民」のはざまの模索を考察するには、法制度に関しての視点も忘れてはいけないことがわかる。

次に、坂下史「ウェッブ夫妻のまなざしの奥に潜む『歴史』――近代イギリスのフィランソロピーの一断面」（第二章）は、フィランソロピーと公的福祉との役割のすみわけやそのバランスが常にイギリスにおける一貫したテーマであったことに注意を喚起している。イギリスのフィランソロピーは、公的福祉・救貧法と救貧税との関係の中で存続してきたという視点なしには、渋沢が関与し続けた養育院に対するウェッブ夫妻の評価を正確に理解することはできないと坂下は指摘している。

ウェッブ夫妻は、「救貧よりも防貧を」という日本の動きに大きな影響を及ぼしたことで知られるが、坂下によれば、彼らの思想は、公的福祉とボランタリズムの役割について延々と議論してきた近代イギリスの歴史を背景にして形成されてきたものであった。彼らが、救貧法下でのフィランソロピーを批判し、「官」が専門的・予防的対策を進めるべきと考えていたことも示されている。このような考えに従ってウェッブ夫妻は、渋沢が福祉実践にもリーダーシップを発揮している存在と評価しながらも、養育院は多様性に欠けた単なる救済に留まっている、また、渋沢が先導していた寄付金集めを、チューダー朝の君主たちが課した強制献金と同類である、と批判の目で見ていたのであった。

さらに坂下は、常に公的福祉との関係の中で存続するイギリスのフィランソロピーの特徴の一面をロンドンの捨て子養育院を事例にあげて考察している。渋沢が関与した養育院も税金で運営していくのか、私営での存続を模索するのか、という問題に直面したが、坂下論文は、まさに、「官」と「民」のはざまでゆれる福祉実践の考え方の異同を考察している。

ロンドンの捨て子養育院と比較された東京養育院の運営について、コラム1・稲松孝思「養育院の黎明期と大久保一翁・渋沢栄一」はふれている。養育院は、江戸期に寛政の改革を主導した老中の松平定信が提唱した「七分積金」を元手にして明治初期に設立され、渋沢は、初代院長となり亡くなるまでその職責を全うした。

②フランスからの学び

一九世紀パリの福祉の状況については未知な部分が多い。それを、一八六七年（渋沢が渡仏した年）に刊行された『パリ宗教慈善事業及び機構便覧』という資料を基にして、政治・社会の側面を含めた時代背景とともに明らかにしているのが、岡部造史「渋沢栄一と第二帝政期のパリにおける社会福祉」（第三章）である。

フランスには、イギリスの救貧法のような公的な福祉の基軸はなく、フランスが国家として社会政策に本格的に着手したのは、共和主義体制が確立して以降の一八九〇年代であった。ゆえに、渋沢が一八六七年に渡仏した際に見聞した福祉は、発展途上であったことを注意喚起をした上で岡部論文は、市町村レベルの公的な福祉は見受けられたこと、それを補完するかたちでさまざまな民間の慈善事業が存在していたこと、そのこと自体に渋沢は影響を受けた可能性を指摘している。

渋沢が渡仏した第二帝政期は、産業革命が進んで経済繁栄を遂げた一方で、格差が拡がり、生存の糧を持たない貧窮民が多く存在していた。また、現在の二〇区からなるパリの市域が形成された時期で、労働者の自由も拡大した。反体制の温床となりうると考えられていた労働者集中地域と富裕層地区のすみ分けも進んだ。このような中で、「官」による社会政策の進展はわずかであった。福祉が安定的な体制維持という機能も持っていることは既述したが、フランス革命以降、動乱が続いたフランスでは、安定的な政治体制の模索、秩序維持と労働者の統合は何よりも大きな課題の一つであった。

福祉の財源は、キリスト教的慈善、人道主義、ノブレス・オブリージュが相まって、支配階層の中の多様な人たちの寄付金などからなっていた。つまり、「官」と「民」の枠にとらわれず、社会福祉が担われていたこと、公的な福祉の機関には修道会も関与していたこと、そのような状況を渋沢は見てきたのである。

また、コラム2・関根仁「『航西日記』にみる社会福祉・慈善事業」では、渋沢と杉浦譲の共著としてまとめられた欧州見聞記録『航西日記』（全六冊）の位置づけや特徴などを示しながら、前述したようなフランスの福祉の状況を、二人がどのように捉えたのかが論じられている。

つづく第Ⅱ部では、渋沢と交流したアメリカのフィランソロピスト、そしてそれをとりまくアメリカのフィランソロピーについて焦点をあてている。

③アメリカからの学び

本書では、キャサリン・バダチャー／ドゥワイト・バーリンゲイム「アメリカにおけるフィランソロピーの歴史と渋沢栄一」（第四章）と渋沢田鶴子／渋沢雅英「社会事業家としての渋沢栄一——四度にわたる訪米とフィランソロピストとの交流」（第五章）の二本がアメリカのフィランソロピーという大きなテーマを扱っている。

渋沢が訪問したアメリカでは、独自のフィランソロピーが生成されており、渋沢はそれに感銘をうけ、取り入れようとした事情がある。よって、二つの論文は、渋沢の概念等を軸にするのではなく、当時のアメリカのフィランソロピーの概念や特徴を軸に、渋沢への影響を考察していく手法をとっている。その点をここで強調しておきたい。

まず、バダチャー／バーリンゲイム論文は、フィランソロピーの概念や特徴についての歴史的な位置づけと時代的な変遷、すなわち、ボランティア的な存在からビジネス化・財団化への変化を丁寧に説明している。アメリカの福祉を考察すると、「官」と「民」のはざまの模索というものがあまり浮上してこず、「民」という側面が強く見えてくる。同論文は、実際に渋沢がアメリカで影響を受けたロックフェラー、セージ、カーネギーといったアメリカのフィランソロピストの特徴を説明し、渋沢と比較考察している。

渋沢は、アメリカを代表するフィランソロピストであるカーネギーに共鳴しており、カーネギー著の"Wealth"（日本語版の『富の福音』）の翻訳の労をとった。

カーネギーは、競争を通じた富の集中と寡占・独占を正当化していた。それによって文明は発展していき、最適者の生存が可能になる、人類全体にとって良いシステムであると考えていた。結果として格差が生じるというデメリットはあるが、人類の進歩にとっては歓迎するべきものとして容認する、というカーネギーたちの考え方の背後には、倫理というベースがある。得た富は公共・公益のために社会へ還元する。

この倫理的なものの存在をきちんと理解していなくてはいけないと考えるが、このような「implicit social contract」（暗黙の社会契約）をよく理解しないまま、市場と競争を肯定するアメリカ型市場原理主義（新自由主義）に賛否を唱える人も現代日本には多い。

自由放任を是とする新自由主義的な考え方の基盤にある暗黙の倫理的なもの、アメリカでは「implicit social contract」として「常識的」になっている考え方について、渋沢田鶴子／渋沢雅英論文は説明している。

同論文はさらに、渋沢の訪米体験について考察するとともに、その当時のアメリカの時代背景とフィランソロピーの特徴についても明らかにしている。渋沢の訪米時期はソーシャルワークの萌芽期に該当し、現在のケースワークの基礎が確立されたことを両者は指摘している。この辺りの詳細な説明は、ニューヨーク市立大学でソーシャルワーク分野の研究教育活動に従事していた渋沢田鶴子ならではの視点である。また、渋沢と交流のあったフィランソロピストに関するパートでは、ジェイコブ・シフについて例示しながら、ユダヤ教とフィランソロピーについて、また、ヘンリー・ハインツについて掲げて福音主義とフィランソロピーについて、フランク・ヴァンダリップの夫人であるナルシッサ・ヴァンダリップについて取り上げながら女性とフィランソロピーについて考察するなど、多様な視点を提供している。

（2）日本の前近代からの継承

第Ⅲ部は、日本の前近代から受け継がれてきた福祉についての考え方や実践にからめて渋沢を考察しているが、渋沢の福祉実践に横たわる根本的な認識をここで確認しておきたい。渋沢は、欧米の福祉状況から新しい視点を得て、その真新しいものでもって、日本の近代化過程において、福祉分野の活動も率先したわけでは決してない、ということである。

日本には、ボランティアやチャリティ、フィランソロピーの土壌がないといわれることもある。しかし、古来には神道、そして四～五世紀にかけて儒教が加わり、六世紀には仏教、そして、一六世紀にはキリスト教がもたらされた。いくつもの宗教、思想の影響が時代的地域的に不均等に混在しているのである。そして、日本の前近代の歴史を概観してみると、住民による相互扶助や人間愛に基づいた非営利の社会文化貢献的なボランティア・慈善活動が日本にも存在していた。また、地縁に束縛されない仏教的人間愛に基づいた慈善活動も存在した。行基（六六八

〜七四九）は架橋や池堤を建設する社会事業をおこなったし、藤原不比等の子で、聖武天皇と結婚した光明子（光明皇后）（七〇一〜七六〇）は、孤児や病人の養生施設である悲田院や貧窮の病人のための施薬院を創設した。空海（七七四〜八三五）も学校づくり、地域開発、道路や橋の敷設などをおこなったことは広く知られている。したがって、これらの事例から考えれば、フィランソロピー活動はキリスト教圏に特有のものであって、非キリスト教圏には無縁であるとか、あるいは根づかないとはいえないだろう。

山本浩史「渋沢栄一と慈善・社会事業団体──真の公益とは」（第六章）、および兼田麗子「大原孫三郎との比較にみる渋沢栄一の福祉実践──『鳥の目』と『虫の目』」（第七章）の両論文は、日本社会の前近代社会の状況を踏まえた上で、近代化が進むなかでの福祉の状況を捉えつつ渋沢の福祉実践を考察したものである。渋沢は、「民」の立場から直接かかわった福祉実践者とも良好な関係を築いた。その一方で、中央慈善協会、恩賜財団済生会、全日本方面委員連盟という「官」先導、あるいは「官」と「民」の連携模索の動きの中でも渋沢は大きな動きをした。山本論文は、これらの点について、当時の社会情勢を読み解きながら考察している。

兼田論文は、まず大原孫三郎が「民」の立場からの福祉実践者に終始した側面を明らかにしている。その一方で、渋沢には、「民」主導を重視しながらも、場合によっては「官」の背中を押しながら「民」と「官」とのはざまで連携も模索していく、巻き込んでいく、という手法が見受けられたことを指摘している。ここに、渋沢の福祉実践スタイルの大きな特徴が浮かび上がると考えられるだろう。

コラム３・木村昌人「感恩講──民間福祉事業の先駆的存在」は秋田県の感恩講を事例として取りあげ、「お上」だのみ、「上」から与えられる恩恵的なニュアンスを持つ慈善が中心だった前近代においても、「民」も力を発揮して地域における生命の繁栄を確保していこうとしていたことを示している。なお、前述した第Ｉ部のコラム１からは、東京養育院が、前近代と近代の福祉をつなぐライン上にある渋沢の活動であったこともわかる。

コラム４・町泉寿郎「備前・閑谷学校をめぐる人々と福祉事業」は、江戸時代に庶民の子どもにも門戸を開いた郷校、閑谷黌を明治期に閑谷学校として再興しようとした動きと渋沢を事例にとっている。閑谷学校は、渋沢と縁深い岡山県の備前に位置し、渋沢が信念の基軸としていた論語・孔子とゆかり深いところであった。それにもかかわらず、渋沢が閑谷学校の維持存続の動きにかかわった証拠はないという。なぜだろうか。興味深い問題である。渋沢と交友を持ちながら福祉事業に関与した閑谷学校関係者たちについてもふれている本コラムは、渋沢が前近代の「遺産」を近代に繋ぐことのリーダーシップを必ずしも積極的にとっていたわけではなかったと思われる事例を示していることから、渋沢の社会貢献、福祉へのかかわりを俯瞰的に考えることができる。

三　渋沢の福祉実践を考察する意義

（1）「官」と「民」のはざまの福祉

こうしてみると、日本の近代化の中で渋沢の福祉へのかかわりを考えていく場合、欧米と日本の福祉の系譜、「官」と「民」のはざまの模索、せめぎ合いを同時に網羅的に確認することが非常に重要であると考える。しかし、このような視座は、管見の限り渋沢を対象とした福祉実践研究の中ではあまり見当たらないため、本書の各論考は、意義あるものと考えている。

福祉においては、何を「官」がおこなうのか、何を「民」に任せるのかは、古今東西、模索が続けられてきた。たとえばアメリカでは、自主自立などの建国の精神の影響もあって、「官」による福祉の度合いは歴史的に小さい。政治的な「代表」の概念も日米ではまったく異なるし、連邦政府の力もそれほど強くはない。一方で、イギリスの場合は、公的な救済の法律が早くから制定され、それとともに、教区制度の下で教会も大きな役割を果たしてきた。

ところが、「ゆりかごから墓場まで」といわれた手厚い福祉による「英国病」が生じ、経済力にかげりが見えてきた。そのため、「官」による手厚い福祉が揺らいで「民」による福祉サービスへの移行がはかられた。たしかに、需要と供給のバランス、価値に基づいて機能する市場に任せられるものは、競争や効率を担保する市場に任せた方が経済的には好ましいという考え方を支持する人たちも多い。経済・財源にかげりがみえてくるとなおさらのことである。

人々の生命の繁栄と財源の折り合わせは、どのようにつけていけば良いのだろうか。「官」と「民」のはざまでの模索は、渋沢の時代も、今も、そして将来も、我々にとって大きな課題のままであり、渋沢はその模索をおこなった人物の一人である。

渋沢は必要に応じて「官」と「民」を使い分けることで継続的な運営形態を構築した。コラム1で触れられているように、養育院の運営をめぐり、「官」と「民」というのは、「継続的に安定した運営を可能にする方法」を取るための手段でしかなく、必要に応じて両者を使い分けて運営を継続させていた。

（2）渋沢が現代社会に提起するもの

前述したように、国民の福祉実現のために何を政府が税金で賄うのか、何を自由競争下で活動する民間力に任せるのか、ということは、現代社会の中でも依然として大きな問題のままである。公的福祉を充実させた福祉国家が注目されたときもあったが、経済発展にかげりがみえ、肥大化する行政費用を賄うことができなくなると、民間に諸々のサービスをまかせていこうという風潮が大きくなってきた。

現在の資本主義社会よりも、さらに効率的に経済力を獲得できて、正義や公正、安定した社会づくりにもかなう社会システムが生み出されない限り、福祉のこのような問題、すなわち「大きな政府」でいくのか（税金で「官」

が福祉政策を担っていくのか（自由競争と自助の側面が大きく現れる「民」による福祉を個人が買っていくのか）、「小さな政府」でいくのか、バラエティーに富んだ両者の折衷策でいくのか、は永遠の問題となったままである。

これらは、まさに、渋沢が直面して、伝統を引き継ぎながら学び、工夫して動こうとした問題なのである。本書では、格差社会の問題、福祉の問題に向き合っていたイギリスやフランス、アメリカから渋沢が受けた影響を「官」と「民」という担い手の側面や社会歴史状況にからめて、これまでにない題材・資料に基づいて考察した。

福祉は経済の問題と表裏一体であり、社会保険サービスなど、福祉や税に関連する問題を現代に生きる我々も避けて通ることができない。渋沢が抱えていた問題も同様であった。このように考えると経済発展をけん引するだけでなく、ジレンマを認めつつ福祉分野においてもさまざまにかかわり続けた渋沢の姿勢から、我々は考え方、手法、行動する勇気などを得ることができる。読者が、歴史の流れと文化的相違の中での渋沢の学びと実践にふれ、他人事ではなく自分の問題として、我々の社会について考えることに向き合っていただけたら、本書の役割の一つを少しでも果たせたのではないかと考える。

註

（1）松沢裕作「特集：慈善と救貧の比較史――金澤周作著『チャリティの帝国――もうひとつのイギリス近現代史』をめぐって」（『三田學會雑誌』一一五巻二号、二〇二二年七月）一頁。

（2）杉山博昭「社会福祉史研究における渋沢栄一」（『渋沢研究』三四号、二〇二二年一月）九一～一〇五頁。

第Ⅰ部　渋沢栄一に影響を与えた英仏の社会福祉・慈善活動

第一章　渋沢栄一はいかに慈善思想の特徴を形成したか

――イギリス人ラウントリーの多様な救済事業を通じて――

岡村東洋光

一　渋沢にとっての慈善の出発点

渋沢は幕末から明治初期にかけて訪欧した日本人の中で慈善を実体験した稀な存在であった。徳川昭武に随伴してフランスに滞在中寄付の要請があり渋沢がそれに対応した。この件により、高貴な人間では慈善をおこなう習慣があることを知った。この体験は、渋沢が慈善活動に取り組む動機の一つとなったと考えられる。渋沢は「慈善事業に就ては外国人は驚くべきほど多くの力を用いており、中には死後の財産を残らず慈善事業に寄付するなどと遺言をする者も多いくらいで、貴婦人達は、慈善会の為に力を尽すことが唯一の仕事の様になっている」「此れは博愛済衆の趣意に適ふて良い事であると感心しました」「其れで私は日本にも他日こういう習慣を作りたいものだと思っておりました」（渋沢「慈善事業」一八九九年（『伝記資料』一巻、六〇六～六〇七頁））と書いている。

渋沢は一八九九年の時点で、慈善の本質を人道により「幸福に富んで居る者が不幸の者を恵む」ことであり、人道的救済は道理に適うもので、博愛済衆の趣意に適うよいことと捉えている（渋沢「慈善の話」（坪谷善四郎識）一八九九年（『伝記資料』別巻六、二八〇～二八三頁））。本章では、渋沢の慈善思想の特徴を明確にするため、渋沢が自らの欧米訪問で得た知見の考察、渋沢が慈善活動に関する情報源とした穂積陳重や田中太郎からの情報整理、同時代のイギリス人実業家ジョーゼフ・ラウントリーの三トラストの活動を中心に比較し、両者の異同を探る。

二　穂積陳重「欧羅巴慈善情報」がもたらした大規模慈善活動への驚き

還暦を迎えて渋沢の慈善事業への関心は増し、欧米の情報を蒐集して自らの認識を深めていった。渋沢は、穂積陳重（一八五五〜一九二六）[1]が洋行する際に情報蒐集を依頼した。穂積の「欧羅巴慈善情報」は一九〇〇年に手紙で寄せられ、渋沢はそれを同年七月、養育院感化部開始式の挨拶（『伝記資料』別巻五、四〇〜四六頁）において紹介している。大規模な慈善の情報は渋沢に驚きをもたらした。

すなわち、穂積によると、救貧事業については欧州の大陸諸国とイギリスでは大いに異なる。前者では国家または地方自治体の事業が中心だが、後者では救貧税があり各地に救貧院があるうえに、私立事業が盛んである。この違いは富豪が多いことや、皇太子や太子妃が私立事業の保護者として精励していることによる。おびただしいチャリティ組織が存在し、資金総額は集計がすぐにはできないほど大きい。王室関係者の提唱で、全国の慈恵病院の資金不足を補い負債を解消するため「慈恵同盟」が結成された。その年収は一五万ポンド以上に達する。また、日曜会チャリティ病院基金があり、一八九一年にクリーヴランド公（Harry Powlett, 4th Duke of Cleveland,1803-1891）が五〇〇〇ポンド、九五年に複数のユダヤ人が一万ポンドの寄付をおこなった。年一回の日曜日寄付会では、一八九九年だけで五万ポンドが集まり、一四〇の病院と五五の施薬所を支援した。これまでの総額は一〇〇万ポンドを超えた。土曜会慈恵病院の寄付額もほぼ同じであった。このような中央組織のほかに、各病院には維持会があり多数の寄付者がいる。

また、穂積が紹介している『倫敦慈恵事業案内』によると、ロンドンに限っても養老院一四二、養老・退職資金会二七五、回復患者養生院六四、施薬院五〇、貧民就業補助会二四、給食会二八、貧民男児救養所三四、貧民女児救養所五〇、慈恵病院一六三、男児感化院一三、女子感化院二一、救貧看護婦会二四、孤児院（男子）五一、孤児院（女子）六五、慈恵学校一二四などがあるほかに、類似組織も多数ある。その一部の成果として、義捐で運営されている市中第一のロンドン病院では貧民の施療を目的とし、年間の通常収入（会費と寄付）は一八九九年で四万九〇四七ポンド、入院患者数は一万一六二二人、外来患者数は一七万八八三八人であった。ロンドン感化協会では、年間収入が一九五〇ポンドで六万人を収容している。そして、ロンドン貧民就学児童給食協会は年間収入が一〇〇〇ポンド余り、前年の給食数は四九万二一八四食といった具合である。

渋沢は穂積報告によってイギリスの国家救済と私立事業の活動に驚くとともに、その必要性を促されたと考えられる。渋沢は、わが国がこうした活動や事業をどの程度まで必要とするかは慎重に検討しなければならないが、「戦争に勝ったが商工業は振わない、商工業は発達したが社会人道は進歩しないと有っては、日本の面目に関する少なからぬことであろうと思います」（『伝記資料』別巻五、四五頁）と結んだ。[2]

三　一九〇二年の欧米訪問――文明国の慈善と有料方式の発見

次の情報蒐集の機会は、一九〇二年の欧米訪問であった。このとき、渋沢はすでに実業界で成功を収めており、全国商業会議所連合会の欧米訪問使節団長として参加した。行程は、同年五月中旬に横浜港を出て太平洋を渡り、アメリカを横断視察した後、大西洋を渡って七月上旬にイギリスに到着。ロンドンを拠点として欧州諸国を歴訪した後、一〇月末に帰国した（渋沢「臨時商業会議所聯合会議事速記録」および「渋沢男爵欧米漫遊報告」一九〇二年〔『伝記資料』二二巻、七五二～八一一頁〕）。イギリスではロンドンのほか、地方都市を巡り工場視察や商業会議所での交流をおこなった。限られた日程で十分な見聞はできなかったものの、文明国の実態の一端を垣間見ることができた。

一九〇二年一一月二三日の四恩瓜生会大会において、欧米諸国の慈善事業について紹介している。（渋沢「欧米諸国の慈善事業に就いて」一九〇二年（『伝記資料』二四巻、二九八～三〇〇頁））渋沢は欧米の四か国、イギリス、アメリカ、フランス、ドイツについては、商工業とともに慈善事業が早くから発達してきたことを確認し、ひと括りにして文明国とした。注目すべきは、富裕な文明国においても貧民は無くならず、逆に、富裕化に伴い貧民が増えるので窮民救済制度を整えている点である。アメリカではジラルト・コレッジという困窮者のための教育事業、ドイツではクルップ社の従業員に対する福利事業、イギリスではアレクサンドラ・トラスト、フランスではガイヨンの感化院を紹介している。これらの慈善事業は単なる救貧、防貧を超えた、多様な社会的課題に取り組む民間の非営利公益活動であった。

渋沢が注目したロンドンのアレクサンドラ・トラスト(3)については次のように紹介している（渋沢「欧米諸国の慈善事業に就いて」（『をんな』二巻一二号、一九〇二年（『伝記資料』二四巻、二九八～三〇〇頁））。

倫敦に於て労働者の多くは東倫敦と称する辺に居住する者にして、此地方にアレクサンドラ・トラストと称するものあり、労働者に向って最も安価に食物を供給する処にして、職工等が平日の物よりも稍美味を欲する時は、都合よく此処にて供給せらるるなり。日本の貨幣に直して僅に六・七銭を投ずれば、其切符を得て立派に此処にて食することを得る仕組にて、以て平日の労苦を慰めるものなり。予が旅行中に戴冠式を挙行せられたる英皇帝エドワード第七世が、未だ皇太子にてプリンス・オブ・ウエールスと称せられし頃は、時々此処にて貧民と共にスープを喫し給ひしとの談あり。総べて英国の救護法は個人的の傾向を有すること、此一事を以て知るべきことにて、斯くすれば救護を受くる方にても、兎に角価を払うて之を購うこととなれば、人より物を貰ふとは大に感情を異にし、乞食の様なる考を持つことなく、双方の感情甚だ宜しかるべしと思わる。

渋沢がいうように、この活動は富者から貧者への一方向の施与ではなく、良質な食事を廉価で提供する食堂事業で、食事の提供者と利用者が対等に取引する方式であった。しかも廉価で最低限の収益を確保し、それを分配せず経営に回すという非配当の手法であった。これは、穂積報告には見られなかったものである。渋沢の鋭い観察眼が施与方式との違いを見抜き、これをイギリス慈善事業の一特徴として捉えたのであった。

欧米訪問は日本の立ち遅れを渋沢に強く自覚させ、渋沢はそれを「憤慨」という言葉で表した。「其中に大変に辛いような感じを持ったのは、たとえば大きな工場を視ると、我国にそう云う物があるかと云う感じを持ち、立派な鉄道に乗ると、我国の鉄道は如何あろうか、目に触れ事に接する毎に、総て之を身に引較べて見ると云うと甚だ心苦しい、或は心苦しい所ではない、憤慨と云う情迄起るのが是は蓋し人の常でございましょう」（渋沢「渋沢男外二君帰朝歓迎会演説筆記」一九〇三年（『伝記資料』二五巻、四四七頁））と。欧米諸国は日清戦争後の日本を、軍隊は強いが商工業や慈善事業については甚だ未熟な国と見なしていた。それを渋沢は身をもって感じ憤慨せざるを得なかった。日本について渋沢は「労働問題・慈善事業に頗る改進を要するもの甚だ多からんと信ず」（渋沢「欧米諸国の慈善事業に就いて」一九〇二年（『伝記資料』二四巻、三〇〇頁））という認識であった。渋沢は欧米の文明国を目標としないといけないと受けとめた上で、労働問題・慈善事業を課題として捉えたことは、彼の時代認識の確かさを示している。(4)

帰国後、文明国を目指すために渋沢が考えた立ち遅れの挽回策は、政治を一番の原動力と見たうえで、政府は商工業の発展が重要であるとの考えを持ってこれを支援し、失業労働者への仕事の紹介などの防貧事業を推進することであった。加えて、渋沢は商工業者自身も商業道徳を高め、知識を増し、人格の向上を図ることが重要だと認識していた（渋沢「欧米視察談（承前）」一九〇三年（『伝記資料』二七巻、三四一〜三四二頁））。

四　田中太郎「泰西社会事業視察一斑」が伝えたイギリスの多様な救済事業

古希を迎えた渋沢は、一九〇九年に多くの企業・団体の役員を辞し、活動の中心を実業から慈善・社会事業へと移した。翌年四月に渋沢は、済貧事業にかかわるおもだった学者・官吏・実業家を招き談話会を開催した（渋沢「銀行倶楽部に於ける済貧事業談話会」一九一〇年（『伝記資料』三〇巻、四二〇〜四二一頁））。社会発展の結果として予測される窮民の激増と貧富の懸隔、それらが生み出す社会的患害の予防方法に関する意見交換を目的とした。会合では、田中太郎（一八七〇〜一九三二）[5]の帰朝報告（渋沢「泰西社会事業視察一斑（田中太郎君）」一九一〇年（『伝記資料』三〇巻、四二五〜四四七頁））を主題とした。田中は渋沢がもっとも信頼した人物の一人であり、養育院の運営を実質上任せるほどの間柄であった。渋沢は、田中報告が済貧事業にかかわる人たちに意識改革をもたらすことを期待していたと思われる。

田中は「最も長く滞在致したのが英吉利で約一年間、其他の国々は長くて一箇月、短かきは一週間内外位」（『伝記資料』三〇巻、四二六頁）と述べており、調査はイギリス中心であった。田中の一番の関心は感化事業にあったが、渋沢の助言にしたがい、救済事業全般を公設・私設を分けず事業ごとに報告した。

以下、田中の「泰西社会事業視察一斑」の記述を元に、公設と私設を分け、私設の活動を中心に整理し紹介する。

まず、公設の一般救済事業（救貧と防貧）については、一八三四年の救貧法に基づく市町村の義務的救助活動が、教区単位で救貧税を集め困窮者に配り、餓死者を出さないように努めている。特別税を徴収しているのはイギリスだけで、救助方法には在宅救助と施設への収容救助がある。救助者の現在数は一日平均一一〇万余人、一年の救助費は約一億八〇〇〇万円であり、驚くべき事実である。この救済は寛大で、働けない憐れむべき貧民も、能力はあるが勤労意欲の乏しい、いわゆる「怠惰な」貧民でも、極貧の状態であれば一様に救助がおこなわれる。

また、田中は当時できたばかりの老齢年金についても報告している。(6) 一九〇八年の法律で老人恩給法を作り翌年から施行せられた。道徳的欠陥のない七〇歳以上の低所得者に税方式で年金を支給した。これは老年になり働くことのできない人びとに法定の恩給を与え、救貧法に依らずに生活させるのが目的である。一定の条件を満たせば誰にでも、毎週五〇銭ないし二円五〇銭の恩給が支給される。目下の受給者数は約六五万人で、一年間の支給額約八七〇〇万円は、公費負担として少なくない。田中は、イギリスの公的救助の規模が大きいことの背景には、個人主義が進行して家族による扶養がないということを指摘した上で、この制度を治安と経費の観点から捉え、「此恩給を受けたいために人民が平素の品行を慎み、その結果犯罪が減少し、または救助費が減少するならば結構でありますが、如何でありましょうか、これは数年の後でなければ分かりません」（渋沢『伝記資料』三〇巻、四四一〜四四二頁）としている。

他方、日本では一門一族による救助により公的救助を受ける窮民は甚だ少ない。このやり方は依頼心を助長させる恐れがあり、弊害を伴う。ゆえに公的救助と一族故旧による救助のいずれの手法が良いか、にわかに判断するのは難しい、としている（田中「泰西社会事業視察一斑」（渋沢『伝記資料』三〇巻、四三五〜四三六頁））。イギリスの公的救助は経費が嵩む点に課題があり、日本の一族故旧による民間救助は公的経費を抑えるが、依頼心を助長する点に課題があるという田中による対比は、イギリスの民間公益活動の意義を軽んじている。

さて、私設の一般救済事業に関して、田中は穂積報告同様、王室や貴族富豪の活動を高く評価している。「兎に角英国の皇室及び貴族富豪の人々が誠実に慈善事業の為に努力尽瘁して居らるゝ有様は、唯だ感服の外はないのである、自己の満ち足りて而して余まれる所の力を以て、乏しき者弱き者を助くるの事業に傾注すると云うことは、実以て美事と云わなければならぬ」（『伝記資料』三〇巻、四三二頁）。公私を合わせた救助総額は、ある人の推算によれば年間約一〇億円、すなわち一億ポンドを下らない。田中はこれを誇大な推算とは思わないとしている（『伝記資料』三〇巻、四三五頁）。

次に、田中は防貧の観点から幼少年に関する事業をとりあげ、（公設を含む）私設の乳幼児保護、少年保護、感化教育、そして小公園（遊び場）の設置事業について事例や数字を挙げ報告している。特に、保健衛生や遊ぶ庭のない住宅事情から、子どもにとって安全な小公園（遊び場）の確保が重要であると指摘している点は目新しい[7]。

続いて田中は慈善病院事業に言及し、「労働者らがひとたび病気に罹かり、貧乏で療治の途がないならば、そのために其者は死ぬかも知れず、死なないとしても零落して、永久的窮民となる恐れがある。英国に於ては救貧法に依る施療院の外、沢山の私立慈善病院があります。これは実に羨ましく思いました。有名な『ロンドン・ホスピタル』の如きは、入院患者のための『ベッド』が九三〇床あり、一カ年平均の入院総数は一万四千人、外来患者数は一日平均一五〇〇人」もいる（『伝記資料』三〇巻、四四一頁）。こうして田中は、（穂積報告と比べて）患者数や寄付額は増え、依然として慈善病院が大きな働きをしていると報告した[8]。

さらに興味深いのは、田中が労働者向け住宅の私立貸家事業を取り上げている点である。わが国においては格別緊急な問題ではないかもしれないと断りつつ紹介している（『伝記資料』三〇巻、四四〇頁）。大都市のスラムは衛生上のみならず道徳上風俗上にも有害で、居住環境の改善はイギリスでは喫緊の重要課題であった。田中はピーボディ寄付基金、ギネス信託、サットン信託を紹介している。（『伝記資料』三〇巻、四四〇〜四四一頁）[9]。これらは信託方式で創設運営され、不特定多数を対象に貸し出され、家賃収益は分配されず、さらなる建設運営のために活用された。これは先の食堂事業と比べはるかに大きな費用を必要とした。だが、大資産家は自発的に大きな財産を信託し、スラム問題に取り組んだ。これはイギリスの民間非営利公益活動が、衣食を超えて住宅にかかわるという新しい段階に踏み込んだものといえる。田中報告にはないが、資本家の投資を募る五パーセントフィランソロピー方式、企業家が従業員の福利厚生の観点から住宅を提供するもの、そして大資産家によるトラスト方式、さらには田園都市作り、の四類型がみられた。

田中報告の問題点を一つ指摘しておくと、チャリティ概念の法制史的な考察が不十分という点である。当時のイギリスでは、内容が「独立した運営で、利益配当を行わず、政治活動を含まず、地域社会の不特定多数の人々の利益に適う自発的公益活動」であれば、チャリティ委員会[10]によって認証され、税の優遇措置を得ることができた。この措置が民間の非営利公益活動を促進したことは言うまでもない。

五　同時代の企業家ジョーゼフ・ラウントリーの三トラスト

――社会の様相を変える民間の自発的公益活動

ラウントリー（Joseph Rowntree, 1836-1925）は渋沢と同時代の企業家である。[11]彼はイギリスのヨークでチョコレート製造業者として成功を収めたが、クエーカーで行動的な博愛主義者でもあった。従業者が約三〇〇〇人を数えた一九〇四年、ラウントリー六八歳のときに手持ちの資産を生存中に有意義に使うという考えで、株式資産の半分を家族に残し、残りの半分を使って三つのトラストを創設した。ジョーゼフ・ラウントリー・チャリタブルトラスト（以下、慈善トラスト）、ジョーゼフ・ラウントリー・ソーシャルサービストラスト（以下、社会サービストラスト）、ジョーゼフ・ラウントリー・ヴィレッジトラスト（以下、住宅村トラスト）である。イギリスでは早くからチャリティが法制化されていた。その代表的なものが慈善信託であり、その起源は一六〇一年成立の公益ユース法[12]に遡る。三つのトラストもこの延長線上にある。当時、大資産家がトラストを創設して社会的課題に取り組むことは、イギリスでは珍しくなかった。慈善が眼前の窮民を一時的に救済するに過ぎなかったのに比べ、この活動は旧来のチャリティと区別されてフィランソロピーと呼ばれた。

三トラストの創設にあたり、受託者たちに向けたメモ[13]にラウントリーの思いが記されている。それは要約すると以下のようであった。今日実行されている多くのチャリティ活動は、社会の弱点や害悪のうわべの現象の救済に向けられている。だが、そうしたうわべの現象の下に横たわる原因の探索には、わずかの思考や努力しか向けられていない。三トラストはこの現状に挑戦するものである。もし、今日実行されている莫大な量のフィランソロピーが、社会の欠陥や害悪の原因の解明に振り向けられるならば、数年のあいだにイングランドの様相は変わるであろう。自分が先頭を切って社会悪の解決に取り掛かれば、趣旨に賛同する者たちが後に続くであろう。そうすれば社会の様相はすっかり変わるはずで、慈善トラストと社会サービストラストは三五年も経たないうちに終焉を迎えるであろう。[14]

三トラストには法制上の違いがあった。慈善トラストと住宅村トラストはチャリティとして設立され、社会サービストラストは非チャリティ組織として設立された。三トラストは地域社会の公益と安寧のために設立されたものであり、重要さは同等である。ラウントリーは三者を使い分け、社会的課題の解決を目指したのである。

慈善トラストの運営方針の基調には労働者の教育があり、それを社会改良の鍵と見なし成人教育を中心とした支援を一貫しておこなった。当時、読み書きができない多数の人びとがいたという事実を踏まえると、不特定多数を対象とする成人教育は公益に適う活動であった。[15] フリーマンの最近の研究によると、創立から一九一八年頃まではクェーカー関係の活動支援と教育助成金が大半であった。総額は四〇〇〇から五〇〇〇ポンドと少額であったが、戦後のインフレの影響もあって、一九一九年からは助成金の総額が一万ポンドを上回る。[16] 特筆すべきは、このトラストがシーボーム・ラウントリー（Seebohm Rowntree, 1871–1954）によるヨークの貧困調査[17]の費用を全面的に支援したことである。トラスト発足前の一八九九年の第一回調査は、ラウントリーが息子シーボームに調査を勧めたもので、以前おこなったヨーク市内の労働者全世帯の飲酒調査の際の手法と調査員を活用したので調査は円滑におこなわれた。

次に、創設者の意図により、社会サービストラスト[18]は法律上のチャリティを申請しなかった。それゆえ、チャリティの制約に縛られることなく、反戦活動に助成金を与えることができた。[19]「おそらくわが国民生活に最大の危険は、利己的で、節操のない富の力から生まれる。その富は、新聞を通して世論に大きな影響を与える。そのために、もし許されるなら、社会サービストラストの理事たちは、一社または数社の新聞社を、利益目的ではなく、世論に正しい方向へ影響を及ぼす目的で購入し管理することを私は望んでいる[20]」とラウントリーは書いた。広範な権限を与えられたトラストの受託者たちは、この期待に応えてイギリス北部で十数社の新聞社を買収し、反軍国主義のキャンペーンを展開した。南ア戦争は大資本家や金融資本の利権にかかわっているが、他方、大部分の人々にとって戦争は「人間性の大きな侵害」であり、戦争に反対することは「社会的進歩の正当な手段」なので、反戦争キャンペーンは必ず世論に支持され、公益活動として認知されるに違いないという確信が、ラウントリーにはあった。これには、バーミンガムのジョージ・キャドバリー（George Cadbury, 1839–1922）も連携した。当時の自由党支持者の有力メンバーがロンドンの中央紙の戦争推進に対抗し、北部の地方紙を中心として反戦争・反軍国主義キャンペーンに取り組んだのであった。

三番目の住宅村トラストであるが、トラスト創設前にラウントリーは「過度の飲酒」を社会に害悪をもたらすと捉え節酒運動に取り組んでおり、ヨーク市内の全労働者の家庭を訪問し、飲酒の聴き取り調査をおこなった結果、収入の約四割が飲酒に充てられていること、また、家族が一部屋で暮らすケースが多くみられ、寛ぐためにパブを訪れる、あるいは、客人を迎える空間が無いので、パブが社交の場になっていることが判明した。つまり〈貧困と飲酒の悪循環〉は貧弱な住宅が原因であることを発見した。こうした実態から住宅事情の改善がなければ、飲酒の習慣を改めるのは困難であるとラウントリーは悟った(21)。

ちょうど田園都市構想が具体化してきた時代で、ラウントリー自身もこの構想にかかわっており、一九〇一年にのちにレッチワース田園都市の設計に携わったプランナーのR・アンウイン（Raymond Unwin, 1863–1940）と建築家のB・パーカー（Richard Barry Parker, 1867–1947）を雇い、澄んだ空気、豊かな緑と十分な太陽の光を取り入れる田園住宅村の設計を依頼した。その際にラウントリーにとって参考になったのは、啓蒙的企業家の試み(22)であった。たとえば、リヴァプールのポート・サンライトやバーミンガムのボーンヴィルの試み(23)は、低家賃で良質な住宅の建設という継承すべき目標を持っていた。だが、前者には入居者を従業員に限るという問題があり、後者には良質な住宅のゆえに高家賃になるという問題があった。そこでラウントリーは、自社の従業員に限定せず、ヨーク在住のすべての住民に開かれた住宅村を構想した。二軒家の中央を壁で仕切ることで敷地面積を節約するセミディタッチドハウス形式を採用して建設費を抑えた。収益を配当しない強みを活かして三・五〜四パーセントの利子率に対応した家賃を設定し、最低賃金労働者でも節約すれば入居可能にした(24)。家賃を支払う者は誰でも入居できる良質で低家賃の住宅建設は、明らかに公益にかなう活動であった。それゆえ住宅村トラストはチャリティ組織であった(25)。トラストは住宅村の管理を目指すチャリティ組織として作られ、入居者の支払う家賃収入は配当されることなく建設や運営費に回された。この循環は永続的であり、トラストも永続的とされた。他方、慈善トラストと社会サービストラストは、目安とされた三五年間では課題の解決には至らず継続することになる。

以上、三トラストの内、慈善トラストと住宅村トラストはチャリティ組織として認定され、税制上の優遇措置を受けて貧困問題、労働者教育や住宅問題の解決を支援した。他方、社会サービストラストはチャリティ組織ではないので税制上の優遇措置を受けないが、公益活動として反戦の世論づくりに努めた。したがって、三トラストは一時的な眼前の慈善的救済を超えて、現実社会の様相を変える活動へと向かった。それらは、旧来の慈善概念を一新したフィランソロピーと呼ぶにふさわしい事例であり、イギリス二〇世紀初頭における民間の自発的非営利公益活動の特徴を示すものとなった。

六　実費診療所にみる渋沢の到達点——慈善から社会事業へ

話を渋沢に戻そう。前述した自身の訪欧や穂積と田中の報告によって、渋沢はイギリスの公的救済制度、有料方式を含む民間の多様で大規模な公益活動などの概要を認識しており、それらを参考にしたと思われる。その場合、渋沢の発想には文明国を目指すという国家的視点があり、それは中央慈善協会[26]「開会の辞」（『伝記資料』二四巻、三三〇頁）や済貧事業談話会での講演（渋沢「慈善救済事業に就て」一九一〇年（『伝記資料』三〇巻、四二一～四二五頁））において示されていた[27]。前者では、「慈善事業というものは勿論仁愛の情慈悲の心から発動して実地に行うに過ぎませんから、全く個人的なものに相違ない。しかしながらそれに先立って組織的に行うことを望むと、政治と一緒になって取り組まなければ十分な成果は得られないと思います」と発言し、後者では、政治、経済、人道の三つの観点から政府に提言をしている。文明国と比べて救済事業が圧倒的に薄い現実に直面した渋沢は、政治の力が強いわが国の実情を踏まえ、救済事業を官民協同で指導奨励するという活動方針に親和的であったと思われる。

晩年の渋沢が到達した認識は、一九二六年の「東京市に於ける慈善事業と社会事業」（『伝記資料』三一巻、一五〇～一五六頁）において示されている。そこでは、日露戦争以降の経済事情を踏まえ、焼石に水の慈善事業では、今日の社会の欠陥を補うことや、国家の基礎を強固にすることはできない、と認識されている。そこで、社会事業によって貧困の原因を絶ち、社会の不祥事を未然に防止しなければならない。その具体例が実費診療所である。それは切実な社会の要求に応えて、「今日では一ケ年に百五十万以上の患者を取扱う大病院となり、最も有効なる国民保健機関の一として、官民一般の認める所となった」と記した。また、創立時には、渋沢自身が事業の趣旨を十分に了解できていなかったと反省の弁を述べている（『伝記資料』三一巻、一五四～一五五頁）。中央各省や各府県に社会事業担当部局が置かれるとともに、救済事業は「慈善」ではなく「社会」の名称でおこなわれるようになり、一九二一年には中央慈善協会は社会事業協会へと転換され、機関誌『社会と救済』も『社会事業』と改題された(28)。

渋沢は、浅草支部病院落成の際に配布された印刷物に啓発されたと記している。働き手が病気になった場合に、親切で実用的な救療をおこなう機関を設置し、低額の実費を徴する。これにより庶民階級に独立自尊の精神を保持させ、怠惰な気風を未然に防ぐとともに、限りある資金と労力の効果的な活用もできる。そして、実費診療所の活動について、平素は受益者負担の社会事業、非常時には慈善事業と臨機応変に対応するのが効果的であり、「慈善事業と社会事業とは車の両輪、鳥の両翼の如きもので、互に相寄り相助け」合うことにより、救済の目的を効果的に達成することができるとした（『伝記資料』三一巻、一五五～一五六頁）。

慈善の本質を「幸福に富んで居る者が不幸の者を恵む」ことにあるという渋沢の定義は、生涯にわたり変わらなかったが、一九二六年時点では、慈善は非常時に発動されるもので、常日ごろは社会事業が機能する。それは、貧困の最大の原因である疾病と無知に陥らないよう基礎教育のための適切な設備を作り対応し、できる限り救済範囲を広くし、できる限り根本的な救済をおこない、その弊害を減らす努力をする（『伝記資料』三一巻、一五一頁）もので、生活改善や保護・教化の組織的な事業と定義された。こうして渋沢の慈善概念は非常時の慈善事業と、平時の社会事業へと分岐、進化した。その場合、社会事業の責任主体は国家や社会とされたので、官と民の活動をともに含む。この点に関連して特徴を指摘しておくと、官と民の活動の区別が明確でない点、および地域社会と国家との区別がほとんど意識されてない点がみられる。

改めてラウントリーと対比してみよう。両者には直接の交流はなかったが、同時代の実業家として社会の問題を発見し、その一時的救済を超えて根本的な解決を目指す多様な公益活動をおこなったという共通点があり、この点に両者の活動の意義を見ることができる。渋沢は日本を文明国にするために、イギリスを参考にして慈善事業や社会事業に取り組んだ。それらは国家や社会が責任をもって取り組むもので、官民の区別はない。他方、ラウントリーが三トラストを創設したのは、地域社会の公益を踏まえた上で、イギリス社会の様相を変えるためであった。三トラストは政府から独立した、地域社会の利益を目指す民間の自発的な公益活動であった[29]。

イギリスの場合、医療活動に見られたように、民間の慈善活動が先行し、それでは解決できないことがわかると公的な活動の出番となる。スラムの解消も同様であった。労働者向け集合住宅建設は、資本家の出資というビジネスの手法で始まり、大資産家による企業内福利やトラストによる手法が登場し、さらに田園都市構想が生まれた。これらの活動を承けて大戦間に地方自治体による住宅建設が促進された。わが国では、渋沢が先頭に立って取り組んだ。田中報告の私立貸家事業紹介を承け、住宅事情の実態を調査し建設を検討したが、資金不足などでできなかった。このことは、両国の当時の経済的、社会的条件の違いを示す事柄であった。

また、イギリスでは、収益を配当しない有料事業、つまり非営利公益事業はチャリティの認定をうけることができた。これはビジネスの手法を非営利の公益活動に応用したものである。このように新しい事態が現れたら、チャリティ委員会はチャリティ概念を柔軟に解釈し、税の優遇措置を適用した。これにより非営利公益活動が促進された。他方、わが国の社会事業は平時に有料で機能し、救貧を超えた防貧活動として生活改善や保護・教化の組織的な事業として展開されたが、慈善活動は非常時のみに発動する人道的救済活動にとどまった。これはチャリティ法制の整序の差による[30]。ラウントリーと渋沢の違いは、当然ながら文明国イギリスとそれを目指す日本との違いを反映している。[31]

註

（1）穂積陳重は渋沢の長女歌子の婿で東京大学教授であった。
（2）イギリスでは国家救済と民間チャリティは独自に並行的に活動することもあったが、双方合わせて「福祉の複合体」として発展してきた。救貧法による国家救済はミニマム保障を受け持ち、チャリティは教区単位で窮民救済を含むさまざまな社会問題に対処した。高田実「ゆりかごから墓場まで」（高田実・中野智世編『福祉』、ミネルヴァ書房、二〇一二年）を参照。
（3）アレクサンドラ・トラスト食堂は、世紀転換期頃アレクサンドラ王妃の基金で創設されたが、事実上、トーマス・リプトン（Thomas Johnstone Lipton, 1848-1931）による必要十分な資金提供と助言によって経営された。Thomas Lipton, *Lipton's Autobiography*,（New York: Duffield and Green, 1932）pp.219-222. トーマス・リプトン／野口結加訳『リプトン自伝』（論創社、二〇二二年）二一九～二二三頁。
（4）東京養育院では職業紹介事業もおこなっていた。町田祐一『近代都市の下層社会――東京の職業紹介所をめぐる人々』（法政大学出版局、二〇一六年）二二一～二六四頁を参照。
（5）田中太郎の欧米調査留学のための費用を渋沢は負担した。渋沢亡き後、田中は東京養育院の二代目院長になった。両人の相互信頼の関係は特別のものであった。倉持史朗「田中太郎の感化教育論『人道の闘』の思想的基盤」（細井勇・小笠原慶彰・今井小の実・蜂谷俊隆編『福祉にとっての歴史　歴史にとっての福祉――人物で見る福祉の思想』、ミネルヴァ書房、二〇一七年）五一～七一頁を参照。後日、田中太郎は調査報告を『泰西社会事業視察記』（三生舎、一九一一年）として出版している。（田中太郎『戦前期社会事業基本文献集二一』日本図書センター、一九九五年）。
（6）二〇世紀初頭の自由党改革とよばれる一連の社会立法は、社会保障の一里塚となった。山本卓『二〇世紀転換期イギリスの福祉再編』（法政大学出版局、二〇二〇年）。
（7）ほかに南ア戦争での劣勢の原因を青少年の体格の見劣りに求め、その挽回に有効な軽い運動が気軽にできる多数の小公園の必要性を唱える者もいた。光永正明「ロンドン住民の健康と帝都の美観――ミース伯爵によるオープン・スペースの整備」（岡村東洋光・高田実・金澤周作編『福祉ボランタリズムの起源――資本・コミュニティ・国家』、ミネルヴァ書房、二〇一二年）一一〇～一三四頁。

（8）この事業に先行して五パーセントフィランソロピー運動があった。スラム解消のために貸家の集合住宅を建てる事業で、五パーセントの配当を目指し広く投資家を募集した。低率とはいえ、収益を配当するのでチャリティの認定はされないが、スラム問題を解決する試みは公益性を有するのでフィランソロピーと称した。岡村東洋光「チャリティの倫理と資本主義の精神」（同前、岡村・高田・金澤編『福祉ボランタリズムの起源』）四九～六六頁。John N. Tarn, *Five Per Cent Philanthropy: An Account of Housing in Urban Areas Between 1840 and 1914,* (London: Cambridge University Press, 1973). 渋沢らは労働者住宅問題の重要性に鑑み、調査をおこない建設の可能性を探ったが、資金不足と見解の一致に至らず実行されなかった。（渋沢栄一「中央慈善協会と住宅問題」、「住宅を中心とせる興味深き論義」、「細民窟の踏査」、「慈善協会の視察」（一九一三年『伝記資料』三〇巻、四七六～四七九頁））。

（9）ジョージ・ピーボディ（George Peabody, 1795-1869）はアメリカ生まれ。ロンドンに住み、商人銀行家として英米間貿易を仲介支援したが、大資産家となり慈善活動を積極的におこなった。アメリカでは南北戦争で荒れた南部のための教育支援を一八五二年からおこなっていたが、イギリスでは一八六二年に寄付額二五〇万ポンドで基金を創設し、労働者向け集合住宅建設の先駆者となった。このような業績から、近代フィランソロピーの創始者と呼ぶにふさわしい。岡村東洋光「労働者住宅と庭園村」（秋田清・中村守編『環境としての地域』、晃洋書房、二〇〇五年）四九～六八頁。

（10）金澤周作「現代チャリティ法制の一起源」、前掲、岡村・高田・金澤編『福祉ボランタリズムの起源』二一～四五頁。一八五三年の慈善信託法により成立したチャリティ委員会（Charity Commission）は、当該活動が慈善かどうかの認証権限を持ち、その認証により税の優遇措置が決まった。

渋沢時代のチャリティは、チャリティの公益性が争点となった一八九一年のペムセル事件におけるマクナッテン卿（Edward Macnaghten, 1830-1913）の分類が知られていた。チャリティは法的意義において、その目的が救貧信託、教育助成信託、宗教促進信託、そのほか地域社会に有益な目的の信託という四項目に分類された。海原文雄「英法における公益信託概念の定立」（『英米信託法の諸問題――基礎編』上巻、信山社出版、一九九三年）参照。二〇〇六年のチャリティ法による定義では、チャリティは公益増進を促す目的のために設立された組織へと進化している。公益法人協会編『英国チャリティ――その変容と日本への示唆』（弘文堂、二〇一五年）を参照。

（11）ジョーゼフは、ヨークの貧困調査をおこなったシーボームの父親である。Ann Vernon, *A Quaker Business Man, The Life of Joseph Rowntree 1836-1925,* (York: The Sessions Book Trust, 1987). (first ; George Allen and Unwin Ltd, 1958). アン・ヴァーノン／佐

伯岩夫・岡村東洋光訳『ジョーゼフ・ラウントリーの生涯――あるクエーカー実業家のなしたフィランソロピー』（創元社、二〇〇六年）を参照。

(12) 前身はエリザベスⅠ世の時代に先行するが、この法の前文に示された公益目的の定義は後世に長く影響を与え続けた。Gareth Jones, *History of the Law of Charity 1532-1827.* (London: Cambridge University Press, 1969) p.26.

(13) The Founding Memorandum は、三トラストの創設者であるラウントリーが書いたもので、一九〇四年一二月二九日の日付が付され、セント・メアリーズの自宅で発見された。本章では、以下の書籍にある当該箇所を参照した。Lewis E. Waddilove, *Private Philanthropy and Public Welfare: The Joseph Rowntree Memorial Trust 1954-1979,* (London :George Allen & Unwin 1983) pp. xiii-xviii.

(14) ジョーゼフの予測に反して社会問題は片づくことはなく、三五年後各トラストは当該の評議会によって再設定された。以降、五年ごとに存続問題を討議し、今日まで存続している。なお、三トラストの運営は相互に独立しておこなわれている。

(15) 日曜学校や識字学級には信者獲得という要素があり、他宗派との競争関係に置かれた。Mark Freeman, *The Joseph Rowntree Charitable Trust: A Study in Quaker Philanthropy and Adult Education 1904-1954,* (York: William Sessions, 2004) p.221.

(16) M. Freeman, op. cit. pp.227-228.

(17) Seebohm Rowntree, *Poverty, A Study of Town Life,* (London: Policy Press, 2000, orig.1901).

(18) トラストの歴史については次のものを参照。Tony Flower, *Trusting in Change: A story of Reform. Centenary edition,* (York: The Joseph Rowntree Reform Trust Ltd, 2004)。

(19) 登録の唯一の義務は、会社登記に年次報告と会計簿を送ることであった。当時、合法的チャリティ組織の要件は以下の四原則を満たすことであった。①公益（広く一般に利益）をもたらす、②独立的な運営（政府やビジネスから独立）、③非営利的事業（利益配分をしない）、④政治団体ではない。ピアス・E・ルード「イギリス連合王国の公益信託と公益活動」（『信託』一〇二号、一九七五年四月）八〇～八七頁。

(20) J. Rowntree, *The Founding Memorandum,* in: L.E.Waddilove, op. cit. p.xvi.

(21) 節酒運動と調査の成果は『禁酒問題と社会改良』（J.Rowntree and A.Sherwell, *The Temperance Problem and Social Reform,* (London: Macmillan and Co.,1899) である。

(22) 資産家による住宅建設運動については、Peter Malpass, *Housing Associations and Housing Policy,* (London: Macmillan, 2000).

Susannah Morris, "Changing Perceptions of Philanthropy in the Voluntary Housing Field in Nineteenth and Early Twentieth Century", *Philanthropy, Patronage, and Civil Society*, Thomas Adam ed.（Bloomington: Indiana University Press 2004）pp.138-160. また、岩間俊彦「モデル工場村と公共制度」（前掲、岡村・高田・金澤編『福祉ボランタリズムの起源』）九一～一〇九頁を参照。

(23) Franklin Parker, *George Peabody: A Biography*,（Nashville: Vanderbilt University Press, 1995）, Adam Macqueen, *The King of Sunlight*,（London;Bantam, 2004）, Michael Harrison, *Bournville: Model Village to Garden Suburb*,（Chichester; Phillimore, 1999）.

(24) Lewis.E.Waddilove, *One Man's Vision. The story of the Joseph Rowntree Village Trust*,（London; George Allen and Unwin, 1954）. 岡村東洋光「ジョーゼフ・ラウントリーのガーデン・ビレッジ構想」（『経済学史学会年報』四六巻四六号、二〇〇四年一一月）、三一～四七頁参照。

(25) Village Trust は一九五九年に Joseph Rowntree Memorial Trust に、一九六八年には Joseph Rowntree Housing Trust になり、さらに一九九〇年に設立の Joseph Rowntree Foundation（JRHT を含む）となった。

(26) 渋沢が会長で官僚や民間人からなる官民協同の構成であったが、方針には行政を翼賛すると明記されている。渋沢は「中央慈善協会は私が会長ではあるが、井上さんや渡辺勝三郎氏・桑田熊蔵氏等が骨を折られて出来上つたもので、謂はゞ井上さんが作られたものであります」（『伝記資料』三〇巻、五三九頁）としている。「中央慈善協会趣意書」を参照（中央慈善協会『慈善』一偏一号、一九〇九年七月）。なお、井上友一（一八七一～一九一九）は内務省官僚として一九〇〇年にパリ開催の万国公私救済事業会議に出席、各国の救済事業を視察し外国事情に精通しており、地方行政の第一人者とみなされていた。主著は『自治要義』（博文館、一九〇九年）。

(27) 政治的観点から防貧活動としての職業紹介、疾病者救助などの方法を設ける必要があると指摘し、経済的な観点から生産的労働力を増加させ裁判や監獄の費用を減じると説き、人道的観点から救済なくしては社会が立ち行かなくなると論じ、欧米の開明的諸国でおこなわれている弱者保護目的の社会政策は文明国の一特徴であると論じた。

(28) 「『社会事業』改称改題の辞」（社会事業協会『社会事業』五巻一号、一九二一年四月）。

(29) 渋沢は国家と社会が「形式上の差で、内容においては同一義のもの」、「国家は社会を統一して支配するために作られた一機関」であるから、「政治組織を除けば国家と社会の差別はない」（『伝記資料』別巻六、九～一〇頁）といっている。とはいえ、渋沢は地方を無視したのではない。地方振興を目指した渋沢の活動は、木村昌人『民間企業からの震災復興――関東大震災を経済的視点で読みなおす』（ちくま新書、二〇二三年）で、実業家・企業・財界の視点から詳細に掘り起こされ論じられている。

(30)　日本では、阪神・淡路大震災をきっかけにボランティア元年といわれたのが一九九五年、特定非営利活動促進法ができたのは一九九八年である。

(31)　大谷まこと『渋沢栄一の福祉思想——英国との対比からその特質を探る』(ミネルヴァ書房、二〇一一年)は、現代日本福祉史における渋沢の復権を唱えた労作である。

第二章　ウェッブ夫妻の眼差しの奥に潜む「歴史」

——近代イギリスのフィランソロピーの一断面——

坂下　史

一　東京養育院とロンドンの捨て子養育院

渋沢栄一は東京の養育院の初代院長であった。生活に困窮するさまざまな人々を救済した養育院であるが、「物乞い」、「宿無し」、病人、身体に障がいを持つ人々などとともに、創立当初から捨て子もその対象だった。渋沢は捨て子問題を含む児童救済の重要性を認識し、折に触れてこれに言及したとされる。たとえば、一九一三年には中央慈善協会の総会で、養育院が捨て子を引き受けていること、東京市がその費用を負担していること、養育院が子どもの行き先を見つけて送り出していることなどについて語った。渋沢は山室軍平、留岡幸助、石井十次といった人々との交流を通じて、イギリスの孤児院（バーナード・ホーム（Dr. Barnardo's Homes））が職業訓練の後に児童を社会に送り出していることを知っていた。そして、養育院は怠惰な人間を生み出しているという批判に応えていくことを念頭に、この職業訓練に関心を示していたとされる。(1) 養育院の子どもたちと渋沢の交流については、渋沢史料館の企画展「養育院の『院長さん』渋沢栄一——父となり祖父となり曾祖父となり」（渋沢史料館、二〇二三年三月一八日〜五月二八日開催）でも光があてられている。渋沢の「フィランソロピー」のなかで、子どもをめぐる問題が周縁的な位置にあったわけではない。(2)

バーナード・ホームは、アイルランド出身のトマス・ジョン・バーナード（Thomas John Barnardo, 1845-1905）が一八六〇年代の終わりにロンドンで始めた児童支援活動を起源に持ち、その活動範囲はやがて本国だけでなく植民地にもひろがっていった。バーナード・ホームの大きな特徴は、少人数の子どもを一般家庭に近い住居で生活させ、初等教育や職業訓練を含むきめ細かいケアを提供した点にあった。それはこの種の施設の歴史が語られる際に先駆的な試みとしてしばしば言及される。(3) しかし、イギリスで最初の専門的な孤児収容施設としては、バーナード・ホームより一二〇年程前に設立されたロンドンの捨て子養育院（Founding Hospital）を挙げなければならない。(4) ここで後者を取り上げるのは、長く存続したこの施設に着目することで、近代イギリスのフィランソロピーの特徴を、歴史的背景とともに浮かび上がらせることができるからである。次節以降でみるように、近世以降のイギリスのフィランソロピー（いわゆる私的慈善）は、救貧法（税に基づく公的福祉）による救済があるなかで、どのような役割を引き受けて全体のバランスを取るのかという議論と常に隣り合わせの状態にあった。こうした点をみることは、市税による運営か、それとも私的経営かという問題に向き合わざるを得なかった渋沢と養育院の立ち位置を比較の文脈におき、その活動の意味や意義をより広い視野を持って再検討するための予備作業となろう。

二　渋沢とウェッブ夫妻の出会い――一致しなかった意図と関心

(1) ウェッブ夫妻の来日

東京の養育院とロンドンの捨て子養育院が、それほどすぐに結びつくわけはない。しかし、次に触れる、短いが興味深いエピソードを補助線として、日英の「フィランソロピー」の特徴について考えるための入口に立つことができる。それは渋沢とウェッブ夫妻（Sidney and Beatrice Webb）との邂逅にまつわるエピソードである。渋沢は、イギリスの社会改良家でフェビアン協会の理論的指導者として知られるウェッブ夫妻が来日した際に直接会って交流している。このときのウェッブ夫妻はアジア各地を回る旅の途中にあった。一九一一年の初夏にイギリスを出た彼らはカナダに滞在した後に太平洋を渡り、その後は日本、朝鮮半島、中国、そして当時の英領であった香港、マラヤ（マレー半島）、ビルマ、インドと巡った。両名が日本に滞在したのは一九一一年八月一七日から一〇月一二日までであった。[5] 訪日時のウェッブ夫妻の行動については、日英に残る史料から跡づけることが可能で、すでにかなりのことが明らかにされている。[6] 彼らの訪日、そしてアジア訪問全般については、そのアジア観のありかたなどにも興味深い論点があるが、ここでは場面と問題を渋沢との交流に限定し、渋沢と同時代を生きたイギリスの社会改良家が東京の養育院をどう捉えたのか、彼らが示した見解の背後にあったものはなにか、という点について考えてみたい。

『伝記資料』所収の渋沢の日記の記述から、同年一〇月の三日、四日、七日、八日に、東京で渋沢がウェッブ夫妻と会っていたことがわかる（渋沢「渋沢栄一日記」一九一一年、一〇月三日、四日、七日、八日（『伝記資料』三九巻、七九〜八〇頁））。このうちの三日と四日については、それぞれ「英人ウヱツプ氏招宴に列席す」、「英国人ウヱツプ氏夫妻の招宴に出席す」とあり、ともに会食したことが記されている。また、八日にはウェッブ夫妻を「帝国劇場に招きて観劇会を催」している。『伝記資料』のこれらの箇所からは渋沢の「フィランソロピー」に対するウェッブ夫妻の反応は何もみえてこない。

一方、渋沢の七日の行動についての記述は、ここでの問題関心により直接的に応えてくれる。日記には、「午前九時半養育院に抵り、英国人ウヱツプ氏夫妻を迎へて院内を一覧せしむ、更に分院に抵りて児童収養《ママ》の現状を一覧せしむ、畢て養育院の性質より沿革等を説明す」とあり、ウェッブ夫妻がこの日に養育院を訪問し、分院を含めて見学したことが確認できる。日記にはさらに養育院視察の後にウェッブ夫妻と日本女子大学校に向かい、そこでシドニー・ウェッブ（Sidney Webb, 1859–1947）が講演をしたこと、同大学校の晩香寮で夫妻と会食したことなどが記されている。この日のウェッブ夫妻と渋沢については、養育院側の史料に次のような描写がある。「十月七日英国ロンドン大学評議員兼講師シドニー・ウエッブ氏、及同令夫人は渋沢院長の案内にて来院あり、安達幹事先導各収容室を巡視し、救済の方法並に収容者の種類等詳細に聞きとられたり」（「英紳士の来院」（『東京市養育院月報』第一二八号、一九一一年（『伝記資料』三九巻、七九頁）））。以上から、渋沢が単に会食や観劇の場を用意するだけでなく、時間を費やして自らが主導する「フィランソロピー」の現場を夫妻に披露していたことがみてとれる。講演のために向かった大学校だけでなく、東京の養育院をわざわざ社会改良家として著名なウェッブ夫妻に直接見せ、その成り立ちや活動の詳細を説明させていることから、渋沢が自信を持って養育院を彼らの目に触れさせたと考えてもよさそうである。

（2）ウェッブ夫妻の渋沢への印象と主張

ウェッブ夫妻の訪日中の行動や彼らが各地で得た印象は、主にビアトリス（Beatrice Webb, 1858–1943）が書いた旅日記（*The Webbs in Asia: The 1911-12 Travel Diary*, 以下「日記」）を通じて知ることができる。[7]この「日記」に加えて、両名がアジア訪問の終盤に訪れたインドで執筆し、後に彼らが主導する救貧法廃止運動の宣伝誌『クルセイド』（*The Crusade*）に発表された評論「日本の社会的危機」も情報源である。[8]実は「日記」と「日本の社会的危機」の両方に養育院についての言及があるのだが、どちらも断片的なコメントでウェッブ夫妻が養育院の活動に本格的な論評を加えたとまではいえない。だがそれでも、短い記述中に一定のことを読み取るのは可能である。

「日記」において養育院に直接言及しているのは、一〇月七日の出来事について思い起こして書いたと考えられる箇所においてである。日付は一六日で、場所は宮島（広島）となっている。該当箇所は以下の通りである。

疲れ知らない男爵（渋沢）は私たちを新しい帝国劇場に連れていった。それは彼が関わりを持つ数え切れない事業のうちのひとつで、女性が女性の役を演じるのは日本で初めてのことだった。嫉妬（jealousy）と孝（filial piety）の衝突をめぐる現代劇で、よく演じられていた。私たちは日本の伝統的な劇に行ければより好ましかったかもしれないが、男爵は自らが始めた新しいものを私たちに見せると強く決めていた。男爵がたぐいまれな人物であることは疑いなく、単に数え切れないほどの産業的、商業的事業（朝鮮半島の金鉱も含まれる）の創始者や後援者であるだけでなく、数え切れないほどの博愛事業（philanthropic enterprises）の創始者や後援者でもある。そこには自治体の貧民救済施設（poor house）［養育院のこと］、女子大学、新劇場などがあり、また彼は桂［太郎］公の新しい「慈善組織（charity organisation）」協会［中央慈善協会のこと］の熱心な協力者でもある。加えて、日本を訪問する著名な外国人やそのグループについては、彼がもれなくそのもてなしを引き受けているようだ。(9)（訳は筆者による。原綴と［　］内は筆者補足。以下同様）

ここからはウェッブ夫妻が渋沢について一通りの情報を持っていたこと、また渋沢の活動を実業と博愛事業の二つに分けて捉えていたことが読み取れる。しかし、渋沢の博愛事業の代表例の一つとして養育院を挙げているだけで、これに特段のコメントは付されていない。

ウェッブ夫妻の養育院に対する評価は『クルセイド』の評論のなかにあり、そこで養育院は次のように言及されている。(10)「東京には、スコットランドの典型的な救貧院と本質的に違わない『一般混合労役所（general mixed workhouse）』［養育院のこと］がある」。その少し後には以下のような叙述が続く。

今は、米価の高騰のため、緊迫するときである。［公的な］貧民救済制度が生まれかけている。既述の東京救貧院［養育院のこと］は、一世代の歴史をもつが、これは、半ば慈善的（philanthropic）で半ば自治体による（municipal）事業であるが、これは例外である。けれども、その他の所でも、人々を飢えさせないために、公的機関が、断続的に米を配給していた。大日本帝国の第二の都市である大阪では、様々な種類の貧困者たちの生活に対応するために、自治体に貧民救済部門を、折しも設立しかけていた――なんたることか、英国の誤りをもう一度繰り返さんとしている！

ウェッブ夫妻はこれに続けて次のような主張を展開している。日本の政府は、公的機関のなかに救貧のための特別な組織をつくるのではなく、貧困を防ぐための「防貧政策」をとらなければならない。イギリスでは公的救済部門をおくという行政上の失敗によって、巨大な貧困階級が形成されてしまった。ここから学んで同じ過ちに陥るのを避けることは可能だ。重要なのは貧困の発生を予防する福祉政策で、それはつまり、病人や子供、精神疾患をもつ人々などに貧困者を分けた上で、公的機関がそれぞれに対する専門的で予防的な対策を進めることである。異なった問題を抱える人々に、単に救済を与える組織を公的機関のなかにつくっても問題は解決され得ない。

要するにウェッブ夫妻は、救貧から「防貧」へ、そして一般的な給付による貧民救済から問題ごとの専門的な対応へと重点を移すべきだと主張している。また、それらは政府主導でおこなわれなければならないというのが彼らの立場であった。そうした彼らの目には、東京で渋沢に案内された養育院は、「防貧」の発想や策を持たずに貧困者に援助を与える一般混合救貧院と同等の機関と映ったようである。それゆえ、それは大きな評価には値しなかったのだろう。

渋沢はウェッブ夫妻を、大学校での講演や会食の前に養育院に連れて行き、その来歴や活動について知らしめた。また、東京での観劇にあたっては、日本の古典芸能かそれに類する作品の鑑賞を考えていた夫妻の意向には沿わずに、自らがかかわる帝国劇場で上演される日本の現代劇を供した。渋沢のこうした選択的な情報提供については、ウェッブ側もある程度は認識していたと思われる。実は、夫妻が日本に到着してまだ一週間ほどであった九月二三日に、彼らは早くも渋沢に面会している。ビアトリスの「日記」によれば、その日はまず首相の桂太郎を訪問している。夫妻は桂との対話のなかで済生会のことを意図的に話題に出して、自らが関心を持つ分野の情報を得ようとしている。済生会については、多額の自発的な寄付が集まったことを桂に聞かされのだが、ウェッブ夫妻が雇ったガイドの西という人物からは、内実は各県の知事を通じた強制的な寄付であったと伝えられた。これに対するウェッブ夫妻のコメントはなかなか興味深く、それは「実際のところ、チューダー朝の君主たちが課した『強制献金（benevolence)』の類いだ」というものであった[11]。

桂に面会した後、ウェッブ夫妻は渋沢との面談に臨んだ。彼らは駐英公使の加藤高明による渋沢宛の紹介状を持参していた。「日記」においては、いくつもの事業にかかわったという意味で、ウェッブ夫妻は渋沢をスコットランドの企業家で交流のあったチャールズ・テナント（Charles Tennant, 1823-1906）になぞらえている。テナントは富裕な実業家で、芸術を後援したことで知られ、自由党から国会議員となった経験もある[12]。また、渋沢の人物評としては、友好的で、通訳を通じてよく話すが、自分たちが欲する情報を提供してはくれなかったと記している。渋沢との会話のなかで、彼らは銀行の話題を持ち出したが、政府には銀行をコントロールする術はないということ以上に特段の見解を渋沢から引き出すことはできなかったようである。それでもウェッブ夫妻は渋沢から数多くの紹介状を得ている。彼らはこの後、新潟、長野、大阪と旅するのだが、それぞれの地で工場や労働者の住居などを訪問することを望んでおり、渋沢に協力を求めたのであった。渋沢は各地の企業家や知事宛の紹介状を用意することを約束し、翌日の昼にガイドの西を寄越して、それらを受け取るようにと夫妻に伝えた。翌日、渋沢は西に紹介状を渡した上で、夫婦を「決して欺いてはならないし、また、いかなる『悲惨なもの』も、日本にとって不名誉なもの

も」見せてもならないと強い調子で注意したとされる。(13)

(3) なぜ両者の意図と関心は一致しなかったのか

社会改良家のウェッブ夫妻は、渋沢を日本における著名な「フィランソロピスト」と認識している。しかし、渋沢の『伝記資料』、ウェッブ夫妻の「日記」や評論をみる限り、両者のあいだに社会活動や社会政策に関する目立った議論や情報交換があった形跡は見て取れない。両者の出会いは、この方面についていえば、それ自体として特別な意味を持たなかったのかもしれない。断片的な情報からの判断には慎重になるべきだが、両者は互いに対してさして強い印象を抱いたようにもみえない。だが、実はここに渋沢の「フィランソロピー」をイギリスのそれと対比して考えるためのヒントが潜んでいるのかもしれない。

渋沢の意図とウェッブ夫妻の関心の方向性が一致しないのはなぜなのか。そして、養育院に対するウェッブ夫妻のコメントをどう解釈するべきなのか。これらの疑問に答えるためには、この種の施設の意義や運営をめぐって、イギリスで長く交わされてきた議論の流れを踏まえることがその一助となろう。それはイギリスのフィランソロピーの歴史的特徴を確認することでもある。

以下では、まず近代イギリスの社会におけるフィランソロピーの位置を、公的福祉について規定した救貧法との関係に注目しながら確認する。続いて、一八世紀前半から二〇世紀にまで続いたフィランソロピーの一例として、ロンドンの捨て子養育院の活動を跡づけてみる。これによって、常に公的福祉との関係のなかで存続するイギリスのフィランソロピーの特徴の一面が浮かび上がるだろう。そして最後に、ウェッブ夫妻と渋沢および養育院を比較したうえで、考えられる点をあらためて整理し、イギリスのフィランソロピーと渋沢の「フィランソロピー」の対置が新たな日欧比較研究の地平を拓く可能性を探っていきたい。

三　イギリス近代史のなかの福祉——ボランタリズムと国家

(1) ボランタリズム領域

近代イギリスは「チャリティが自然化した社会」だといわれる。[14] フィランソロピー研究の泰斗フランク・プロハスカ（Frank Prochaska）は、「英国よりも顕著なフィランソロピーの伝統を持つといえる国はこの地球上に存在しない」と述べている。[15] こうした主張は十分に首肯できるが、歴史的にみた場合、チャリティやフィランソロピーに隣接して公的福祉としての救貧法、さらにはさまざまな自助や相互扶助があったこともまた見逃せない。近年の福祉の複合体をめぐる議論が強調するように、それぞれの要素は単体として存在していたわけではなかった。[16]

この点については、マーティン・ゴースキー（Martin Gorsky）による図式化が理解を助けてくれる。ここではゴースキーの概念図を長谷川貴彦が訳したものを示そう。[17] これは一九世紀英国のある地方都市の実情を示したものだが、他の地域も含めた当時の全般的状況を示している。図2・1からわかるように、国家と私的領域の中間には、「慈善（狭義）」「自発的結社・会員制団体互助」、そして「相互扶助」が、分厚い活動空間、すなわちボランタリズムの領域を構成していた。フィランソロピーの伝統を持ち、チャリティが自然化していたといわれる近代イギリスの社会において、慈善や自発的結社・会員制団体から相互扶助へと至る広大なボランタリズム領域が広がっていた。こうしたボランタリズム領域における諸活動と国家の主導する救貧法に基づく公的福祉のバランスを計算するさまざまな試みがあった。たとえば、一八七〇年の時点でチャリティ活動によって支出される金額は、救貧法支出の総額を大きく上回っていたという計算があるが、支出のなかにはミッショナリー活動のためのものが含まれていたり、建築物の建設費が含まれていたりした。また、かなりの額が不正使用というかたちで福祉とは関連の薄い分野に流

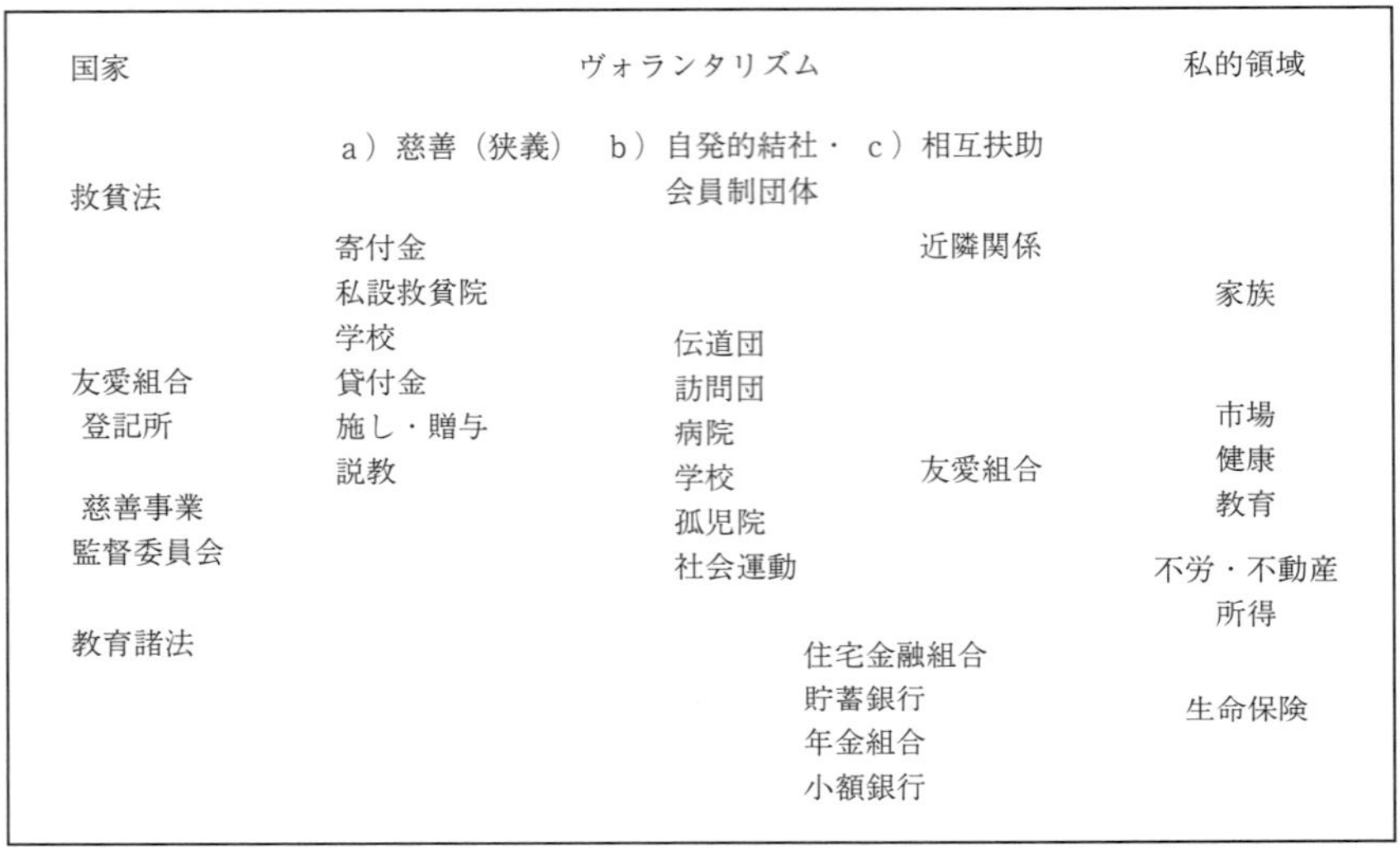

国家	ヴォランタリズム			私的領域
	a）慈善（狭義）	b）自発的結社・会員制団体	c）相互扶助	
救貧法	寄付金		近隣関係	
	私設救貧院			家族
	学校			
友愛組合登記所	貸付金	伝道団		市場
	施し・贈与	訪問団		健康
	説教	病院	友愛組合	教育
慈善事業監督委員会		学校		
		孤児院		不労・不動産所得
		社会運動		
教育諸法		住宅金融組合		
		貯蓄銀行		生命保険
		年金組合		
		小額銀行		

図２．１　19世紀の社会保障システム

（出所）Martin Gorsky, *Patterns of Philanthropy: Charity and Society in Nineteenth-Century Bristol* (Rochester, N. Y., 1999), p. 16.
長谷川貴彦『イギリス福祉国家の歴史的源流』（東京大学出版会，2014年）33頁。

出していた。[18] 単純な集計で実態は捉えきれないのであった。

いま確認しておきたいのは次の二点である。第一に、フィランソロピーを含むボランタリズム領域の活況は、公的福祉として最低保障を担う救貧法の存在と表裏一体であったという点である。救貧法があるためフィランソロピーの領域においては、自立の可能性のあるものを選択的に選び出して救済することが可能だった。第二に、こうした公的福祉とボランタリズム領域の活動のバランスについては、以下にみるように、さまざまな議論があったことを指摘しておきたい。これらはイギリスのユニークな歴史を形成し、その地のフィランソロピーの性格を定義づけている。そして、そうした歴史を内面化したイギリス人であるウェッブ夫妻と、それを共有しない渋沢とがすれ違う一因ともなった。

（2）救貧法

イギリスにおけるフィランソロピーの活況と不可分の関係にあった救貧法は、一六世紀に関係諸法を整理するかたちでまとめられた法律で、末端の行政区（教区）を単位とする税による救済について定めて救貧行政のありかたを規定した。それは貧者に「最後の拠り所」を公的福祉として提供するもので、時には「法定《リーガル》チャリティ」とも呼ばれた。だが、批判者は救貧法を支える強制的な税の徴収というまさにその点を問題視した。強制であるが故に、税の供出者たちが自らの慈善心（善行、隣人愛）を十分に感じることができないというのである。一八世紀の半ばの聖職者にして慈善家としても知られたトマス・オールコック（Thomas Alcock, 1707-1798）は、「救済を強制する法律［救貧法］は、その元々の出自であるチャリティの原則を壊してしまいがちである。美徳は自由［な意思］に基づくものでなければならず、チャリティの強制は美徳を損なう」と述べて救貧税の徴収を批判している[19]。

救貧法に対する批判の声は、一八世紀の末から一九世紀の初めに各種の調査結果が公表され、この間に救貧税の額が増大していることが明らかになると急激に高まっていった。こうした状況を受け、一八三二年には詳細な全国調査が実施された。調査報告書は、安易な救済の供与、とくに院外救済が蔓延していることを批判し、その抑制と公的福祉の規模の全般的縮小を求めた。報告から約六か月後の一八三四年八月一四日に新救貧法が成立した。そこで打ち出された方針は、院外救済の抑制や劣等処遇などを核とする「一八三四年原則」として知られる。実態はともかくとして政策的には、ここで非選別的な公的福祉を最低限のレベルに抑え、更生可能なものを選別して救済するボランタリズム領域の活動を活性化するという方向に舵が切られたのだった。その後、社会変化のなかでさまざまな不備や問題を指摘され、また当初の厳格さを部分的に失いつつも、一九世紀を通じてこの新救貧法が存続し、ボランタリズム領域の活動と併存して近代イギリスの福祉を担った。自由党による一連の社会政策である二〇世紀のリベラルリフォームを経て救貧法の役割は小さくなっていくが、それが最終的に廃止されるのは一九四八年のことであった。[20]

（3）フィランソロピーの位置

一九世紀初頭に新救貧法が導入されるとフィランソロピーの役割が増したといわれる。救貧法が最低のラインを守り、ボランタリズム領域がそれを前提に選択的な救済を提供するという関係が強化されたのであった。しかし、一八六〇年代になると、選別的で社会改良に役立つはずのボランタリズム領域の活動が、本来の目的を果たしていないという批判や不満がみられるようになった。たとえばそれは、フィランソロピーの拡大が結局のところ「新たな福祉依存」を生みだしているという主張となってあらわれた。厳格な選別によらないバラマキがみられ、またフィランソロピー同士の連携がないために、公的福祉からのものも含めて、いわゆる二重取りや三重取りが起こっているという批判であった。こうした状況に対応するための動きが「チャリティ組織協会（The Charity Organisation Societies: COS）」の設立（一八六九年）であり、協会は「科学的なチャリティ」を標榜して無制限な福祉拡大に制限をかけようとした。実は同じ時期に救貧法庁長官が公的福祉と私的慈善の分業の必要性を強調しており、ＣＯＳはこうした点も意識してその役割を果たそうとしていた。[21]

その後のイギリスは一八七〇年代以降の経済的な苦境や対外関係における不安定化のなかで、一九世紀末から二〇世紀初頭の福祉改革へと向かった。この時期になると、救貧法はその役割を十分に果たせなくなっていると認識された。そうしたなか、一九世紀末にはチャールズ・ブース（Charles Booth, 1840-1916）やシーボーム・ラウントリー（Seebohm Rowntree, 1871-1954）の調査により「貧困の発見」があった。この結果、貧困は個人ではなく社会に原因があるため、社会全体、つまりは国家が解決にあたるべきだという主張が強まる。その延長線上に、自由党政権が主導した老齢年金、健康保険、失業保険などの整備があった。こうしてボランタリズム領域の活動が主に援助

をしてきた「救済に値する貧者」も、国家の援助の受け手として再定義されていくことになる。(22)

ウェッブ夫妻の来日は、この変化のただ中においてのことであり、それは新しい福祉のありかたをめぐって、さまざまに議論が戦わされていたときだったのだ。(23)彼らの養育院への評価をこうした文脈から切り離してしまうことは適当でない。この点は最後に触れることとして、ここで確認したいのはひとまず次の点である。近代イギリスのフィランソロピーは、自助や互助の次に来るもので、救貧法による公的福祉の手前に位置した。つまり、公的福祉とボランタリズム領域の活動という組み合わせは救貧法とともにはじまり、両者のあいだのバランスをめぐる議論を喚起し続けた。次節ではこれらの点に留意しながら、ロンドンの捨て子養育院の設立事情とその存続の過程であらわになった点に光を当て、近代イギリスのフィランソロピーの特徴の一端を浮かび上がらせたい。

四　イギリスのフィランソロピストたちの活動と困難——ロンドンの捨て子養育院をめぐって

ロンドンの捨て子養育院は、商人にしてフィランソロピストであったトマス・コーラム（Thomas Coram, 1668?-1751）の設立キャンペーンを経て、一七三九年に国王勅許状が発行されると設立の動きが具体化し、一七四一年に児童収容施設としての活動を開始した。一九五四年に児童収容施設としての役割を終えるまでのあいだに、捨て子養育院は二万七〇〇〇人あまりの子どもに居住の場を提供したとされる。(24)この著名な組織については内外に多くの研究があるが、その一九世紀や二〇世紀の活動のこと、後継団体が二一世紀の現在も「コーラム」（Coram）の名で登録慈善団体として児童福祉に従事していることなどは、とりわけ日本では、必ずしも広くは認知されていないようにみえる。(25)以下では、いまなおロンドン最大の児童支援団体の一つとされるこの組織の長い歴史に光を当てたい。まずはよく知られる設立期における運営者の意図や活動概要を確認する。ついで、渋沢の「フィランソロピー」を比較史のなかで考えるための素材として、東京の養育院と同時代にまでつづいたこの組織のその後の活動についても簡単にみていきたい。

(1) 設立事情

ロンドンの捨て子養育院設立の背景には、捨てられた子どもや非嫡出子を養育し、教育を与えることが国家の繁栄に寄与するという考えがあった。孤児を対象とする慈善は中世以来あったが、こうした国策を意識した孤児対象のフィランソロピーはそれまでの伝統のなかに納まらないものであった[26]。また、救貧法が貧困児童の救済については概して厳しく抑制的であったため、孤児が救済の網から漏れ落ちがちになるという事情もあった。救貧法の下では、児童を引き受けた教区は彼らを徒弟に出すまで面倒をみた。負担を避けたい教区はこれを嫌う傾向にあり、運良く救済を受けることになった児童も労役所で死亡するリスクが大きかった[27]。

孤児院の設置と国益を結びつける考え方の原型は、早くは一七世紀アイルランド出身の政治家で時論家のトマス・シェリダン（Thomas Sheridan）の著作のなかにみられる。シェリダンは国力の源泉である人口を増やす方法として、フランスを含む他国に設置されている孤児院を、とりわけ首都ロンドンに設置することを提案している。孤児院があれば堕胎や嬰児殺しが抑制され、人々の心身が損なわれることもなくなり、国民全体にとって有益である。さらに、子どもの養育の負担を恐れて結婚を控えている貧困層への抑制が減じられるので、人口増加という点で孤児院の設置は望ましいというのが、その主張の概要である[28]。こうした主張が日の目をみるのは一八世紀半ばであった。一七三九年に対スペイン戦争が始まると人的資源確保の重要性がそれまで以上に認識され、孤児院設立の訴えが支持を得たのだった[29]。

捨て子養育院設立の直接の立役者はコーラムであった[30]。コーラムはイギリスのドーセット州のライムレジスに生まれ、一一歳で船乗りになり、一六歳の時には造船業者に徒弟に入った。一六九三年にアメリカのボストンで造船所の設立を目指したが、事業は成功せず帰国してロンドン郊外に住んだ。一七二〇年、ロンドンに向かう途上で捨てられた子どもを目にしたコーラムは孤児のための施設をつくる運動を始め、それ以降、一七年に渡るキャンペーンを張った。運動は徐々に有力者からの支持を得て、一七三九年一〇月一七日には国王ジョージ二世（Gorege II, 1683-1760（在位は一七二七年から））からの設立特許状を得た。捨て子養育院がスタートするとコーラムは理事となったが、意見の対立から早くも一七四一年に理事会を追われて一七五一年に死亡している。

（2）活動内容

捨て子養育院の初期の活動について簡単にみておこう。[31]子どもの受け入れは一七四一年からすでに始まっていたが、翌年にはロンドンの北の外れに四〇〇人の収容が可能な大規模施設の建築が開始された。これが完成するのは一〇年後だった。設立資金の多くは寄付でまかなわれた。寄付を募るための朝食会がしばしば催され、国王からもチャペル建設のために二〇〇〇ポンドの援助を得た。活動開始した後の運営資金は、設立時に設定されてその後も遺贈などによって拡充された基本財源（基金）と、さまざまな機会に集められた随時的な寄付（募金）であった。捨て子養育院では後者を得るためのチャリティ・コンサートやチャリティ美術展示が実施され、音楽家のヘンデル（George Frideric Handel）や、ホガース（William Hogarth）、ヘイマン（Francis Hayman）、レノルズ（Joshua Reynolds）といった画家がこれにかかわった。捨て子養育院は慈善とアートを明確に結びつけた最初の例といわれる。[32]

運営の中心にいたのは理事たちで、そのなかには初代理事長のベドフォード公爵（John Russell, 4th Duke of Bedford）のような社会的有力者がいた。施設に収容されるのは原則として生後二か月以内の乳児で、受入日に母親が子供を連れてくるのだが、二〇人の受け入れ予定に対して一〇〇人以上が集まることもあって抽選が実施された。

母親は袋のなかから玉を引き、玉の色が白であれば子供は受け入れられ、黒の場合は選に漏れた。赤い玉を得たものは補欠だった。母親はこの過程で素性や事情を聞かれることはなかった。

一部しか受け入れられない状況を改善するため、一七五六年に理事会は議会に請願を出し、一万ポンドの資金提供を受けることに成功した。こうして希望者全員を受け入れることになると、救貧法に基づいて近隣の教区が世話している子どもの一部までもが捨て子養育院に委ねられた。施設は急拡大に対応できず、収容者死亡率が七割にまで上昇するなどの問題が起こり、無制限受け入れは一七六〇年をもって中止となった。一七六三年に孤児の受け入れは再開されたが、結婚の約束の破棄、望まない関係による妊娠といった母親の事情を踏まえて選別されるようになった。選別の要素はこの後の養育院の歴史から消えることはなかった。

受け入れられた幼児はすぐにロンドン近隣の農村部の乳母のもとに里子に出され、三歳から六歳くらいまで預けられたのだが、この間に一定数が死亡した。生き延びて養育院に戻った子どもたちは徒弟奉公に出るまでの期間を施設で過ごした。施設を出た後に子どもが就いた職は女子のほとんどは家事労働で、男子の場合は軍関係が多かったとされる。その他にも、たとえば、靴職人や鍛冶職人となったり、食肉業で身を立てたり、繊維業に関連する職に就いたものもいた。幾人かの子どもは収容期間中に親と再会して引き取られたのだが、そのためには親は自らが改心して生計の手段があることを示さなければならなかった。捨て子養育院のこうした活動に対してはさまざまな種類の批判が寄せられた。養育院は推進者たちの不道徳の隠れ蓑にすぎないとか、貧民の不道徳や無責任を助長するといった声があり、また、この種の組織は結果的に独身を擁護して人口減少をもたらすという懸念が示された。さらには、孤児の半数近くが二歳までに死亡していることから、その経済的な効率性への根本的な疑問が呈されることもあった。組織の存続期間を通して、捨て子養育院はこうした批判に対面しつづけなければならなかった。

（3）捨て子養育院のその後

捨て子養育院研究の多くは一八世紀に光を当て、一九世紀や二〇世紀には多くの紙幅を割いていないが、それには史料の残存状況と研究者の問題関心のありかたが関係している。後者については、吉村真美が指摘するように、この施設が台頭する一八世紀の中間層の人々に広まった博愛主義や、その発露としての任意団体といった研究史上の重要テーマとの関連で取り上げられたことが理由だろう。[33] 戦略的な運営やシステマティックな募金活動、そして公的福祉とは違う選別的な救済の意識的実践といったこの時代のフィランソロピーの特徴をよく表す要素が、捨て子養育院に見て取れたのである。

これに比べると、捨て子養育院の一九世紀は、前世紀中に確立した運営法に根本的な変更が加えられることなく継続した時期とされ、二〇世紀における場所の移動や組織の名称の変更という変化に至る前の安定期として描かれがちである。[34] このような捉え方はひとまず的を射ている。しかし、問題は、なぜこの組織が一九世紀を通じて大きな変化なく継続したのかという点にあろう。さまざまな角度からその理由を述べていくことが可能と思われるが、ここでの問題関心に引きつけて重要なのは次の点である。この時期の捨て子養育院の安定は、一九世紀初めに公的福祉の側に起きた変化（新救貧法の施行）によって、ボランタリズム領域に期待される活動内容がそれまで以上に明確化したことに関係していた。この状況は二〇世紀になって救貧法の解体がはじまるまで継続した。つまり、近代イギリスのフィランソロピーを代表するこの組織の活動は、その時々の公的福祉のありかたから強い影響を受けていたのである。最後にこの点を確認して、本節のまとめとしたい。

（4）引き受けた役割

捨て子養育院では選別的な受け入れの再開後、まもなく母親からの請願書と養育院の委員会による聞き取りが必須項目に加えられた。そして一七九五年には母親の道徳的な気質が決定時の基準として明文化された。さらに一八〇一年には、養育院の救済対象を原則的に非嫡出子に限定すると決定された。非嫡出子への限定はコーラム時代の施設設置目的からの逸脱であったが、捨て子養育院がこのような方向に踏み出したのは、よい気質を持ち周囲からも必要と認められていながら同情すべき理由から非嫡出子を産んだ女性を選び出し、彼女たちのための更生機会をつくることを自らの任務としたからであった。施設はそうした女性から秘密裏に子どもを引き取ることで、彼女たちの体面（レスペクタビリティ）を維持した。こうして捨て子養育院は選ばれたものに「セカンドチャンス」を与えることに活動を特化した施設となった。(35)

ボランタリズム領域における選別の強調は以前からあったが、一九世紀を通じて捨て子養育院がこの方向性を強めていったのには、新救貧法が非嫡出子の扶養に関して取った立場が影響している。一八三四年以前の救貧法は非嫡出子の扶養義務を男性に負わせる可能性を開いており、女性が父親の名前を告げることで教区の当局者がその男性を探して結婚を迫ることや、それが不可能な場合でも費用負担を求めることがあり得た。しかし、救貧法の厳格化によって、婚外子を生んだ母親が院外救済を受ける可能性が縮小され、父親を訴える道も閉ざされた。その結果、子殺しや嬰児遺棄が増加した。(36)こうしたなかで、書面による申請と十分な聞き取りを経て選別された「救済に値する女性」に限ってではあるが、婚外子を生んだ女性に生きるための機会を用意する役割を引き取ったのが一九世紀の捨て子養育院であったのだ。

養育院の通史を著したジリアン・ピュー（Gillian Pugh）によれば、「一九世紀を通じて捨て子養育院は、フィランソロピーと国家の関係をめぐる議論に巻き込まれていた」。新救貧法が安易な救済の供与を敵視して劣等処遇の原則を掲げる状況下で、理由はともあれ一端は「堕落した」女性に救済の手を伸ばすことは、改正以前の救貧法下で横行した非選別的な救済の延長だといわれかねなかった。実際、そうした類いの批判を受けることがあり、この時期の捨て子養育院の運営者は自分たちの正しさをアピールする必要に迫られていた[37]。女性の非嫡出子出産が教区当局に知られていないことを救済条件の一つとしていることからも、捨て子養育院が行政当局との関係を気にしていたことがうかがえる[38]。公的福祉との役割分担やバランスを意識した組織運営であった。

二〇世紀になると捨て子養育院は周辺環境の変化を受けて移転の決断を下した。一九二六年からは近郊のレッドヒルで活動し、一九三五年にはハートフォード州のバーカムステッドに三〇〇人の子供たちとともに移動した。その後、バーナード・ホームに見られるような家庭やそれに近い環境での養育が重視されるようになった。一九五四年に収容児童の最後の一人を送り出すと、捨て子養育院はその長い歴史に幕を下ろした。後継組織は何度かの名称変更を経ながら現在では登録慈善団体「コーラム」となって、養子受け入れ先の斡旋を中心とする活動を続けている[39]。

五　渋沢とウェッブ夫妻のいくばくかの重なり

ロンドンの捨て子養育院の歴史をみてきたが、本章にとって重要なのは、この組織が公的福祉とボランタリズムをめぐる議論のなかを生き抜いたという点だろう。福祉における両者のバランスは、イギリスのフィランソロピーの歴史を考える際に常に意識しなければならない。それを、その時々の救貧法のありかたと照らしあわせることが大切なのである。この点を念頭に、ウェッブ夫妻の養育院に対する見解について考えてみたい。

二〇世紀初頭のイギリスで救貧法の現状と将来に関する議論があった際、ウェッブ夫妻はこれに深く関与した。ビアトリスは「救貧法に関する王立委員会（一九〇五～〇九年）」の委員であり、シドニーもこの問題に大きな関心を持った。ウェッブ夫妻が目指したのは救貧法を全廃して「国民的最低限（ナショナルミニマム）」を整備することであった。それは専門化した部局の導入と財政配分方法の見直しを核とする行政制度改編を通じた防貧という考え方と対になっていた。しかし、彼らは広範な賛成を得られなかった。委員の多くは、救貧法を修正した上で前述のCOSが推し進めてきた活動とのあいだに緊密な協働関係をつくれば、問題への対処は可能という立場にあったからである。一致した見解の提示に失敗した委員会の報告（多数派報告と少数派報告に分裂）は全面的には採用されず、まもなく自由党政権の下でやや異なったかたちの改革が実施されるに至る[40]。

ここで留意すべきなのは、ウェッブ夫妻の議論に救貧法下のイギリスにおけるフィランソロピーへの批判が含まれていた点である。彼らはCOSに代表される選別的なフィランソロピーを、貧困を個人の資質に由来するものとする点で、新救貧法の精神と基本的に一致しているとみていた。したがって、彼らからすれば、それは社会自体の改良という問題の本質を問わない対処法に過ぎず、その効果にも懐疑的にならざるを得ないのであった[41]。ウェッブ夫妻の来日は、彼らがこうした救貧法とフィランソロピーの役割をめぐる議論に参与するなかでのことだった。ウェッブ夫妻が養育院に向けた眼差しに、それが影響を与えたとしても不思議ではない。日本は近代化による貧困問題の拡大を避けられないが、イギリスの経験（失敗）から学ぶことはできる。そう主張するとき、彼らは母国の歴史と現状への批判を込めていた。彼らの目に映った養育院は、イギリスで問題解決をもたらさなかった貧困の責任を個人に帰する対処法（一般混合救貧院）に過ぎなかったのであろう。

ウェッブ夫妻が来日する前の一八九〇年から一九〇二年にかけて、日本では、自治体の救済義務を規定した日本版の救貧法創設案が廃案となっている。その過程で、貧民救済は国家の役目で自治体の義務ではないといった意見も出されていた。また、救済の義務化は権利意識を生み、惰民を増やすという懸念も強かった。これは当時の日本の「公」と「私」の捉え方や、中央と地方の関係を反映していた[42]。そうした日本社会の情勢は、救貧法のもとで自治体が公的扶助を長らく実践し、ボランタリズムと協同して社会問題に対応するのが自然化したイギリスのそれとは異なっている。当然、ウェッブ夫妻も違いは理解していたであろう。しかし、それらをよく踏まえた深い洞察にまで進むには、彼らの滞在期間はいかにも短かったのかもしれない。

シドニー・ウェッブもビアトリス・ウェッブも、公的福祉とボランタリズムの役割について延々と議論してきた近代イギリスの歴史を背負っていた。一方で、当時の渋沢らは、養育院の運営において、東京市からの財政支出と寄付による私営組織のバランスをどう取るのかという問題に直面していた[43]。共通の話題はあり得たはずで、理念的な立場にせよ、実践的な方法にせよ、対話や議論の可能性はあっただろう。また、後年の渋沢が語ったとされるところによれば、養育院の収容者は「子供、老衰者、一時病気で生活の道を失った者に区別」されていて、そこでは「働ける者には職業を与えるように骨を折り、子供に対しては相当の教育を施す」ことを実践していた[44]。一定の専門性や経済合理性が追求されており、こうした点についても、議論を戦わせる素地はあったと考えたくなる。

養育院について、渋沢はいう。それは「博愛済衆の主義から出来たものではあるが、其の本来の使命は啻《ただ》にそれ計りでは無く、社会の害悪を未発又は未然に防止するもので、社会の上から云うと他を愛するのみならず、自らを愛する為に是非ともやらねばならぬものである」と。さらに、「養育院は慈善の為に作ったのであって、しかも非常に重要な社会政策を意味しても居るものである。近頃、社会問題の研究が頗る盛んになって来たのは喜ばしい傾向であるが、それに付けてもこの慈善という事に就いて、真先に社会上且つ経済上の問題として研究して貰いたいと思ふ」とも[45]。こうした渋沢であったからこそ、防止的な効果を期待できる養育院の「感化事業は慈善事業の中で最も重要なもの」としたのだった。渋沢の社会政策をめぐる立場は、ウェッブ夫妻による「国民的最低限」の概念や専門家による行政機構の効率的な運営という処方箋と並べると、たしかに具体性は見出しにくい。それでも政策的な防貧の重視という点で、両者にはいくばくかの重なりがある。

渋沢とウェッブ夫妻の交流は短く、議論が深まることはなかった。だが、両者を取り巻くより多くの人々や組織の活動に目を向けていくことで、こうした問題を比較史的に考察していくことは、私には魅力的に映る。この時期の日本は、先述の救貧法導入提案を経て救護法制定（一九二九年）へと至る過程にあり、イギリスの歴史的経験や現状がさまざまな角度から参照されていた。この種の主題にさまざまな比較史的アプローチをもって入っていく可能性が拓かれているように思われる。(46) 渋沢栄一の「フィランソロピー」もまた、そうした広い文脈のなかで新たな角度から光を当てることにより、そのさらなる特徴を浮かび上がらせることができよう。

註

（1）山名敦子「渋沢栄一にみる公益という名の慈善――東京養育院に関わる」（陶徳民・姜克実・見城悌治・桐原健真編『東アジアにおける公益思想の変容――近世から近代へ』、日本経済評論社、二〇〇九年）一五二頁。

（2）本シリーズ『社会を支える「民」の育成と渋沢栄一』所収、何瑋「『底辺層』教育へのまなざし――下田歌子との比較から」（一一八～一二一頁）。

（3）桑原洋子『英国児童福祉制度の研究――足枷から慈悲そして福祉へ』（法律文化社、一九八九年）一〇九～一一〇頁。高島進『社会福祉の歴史――慈善事業・救貧法から現代まで』（ミネルヴァ書房、一九九五年）六四～六五頁。

（4）金澤周作『チャリティとイギリス近代』（京都大学学術出版会、二〇〇八年）一八八頁を参照。

（5）金子光一「ビアトリス・ウェッブの福祉思想と訪日（その一）」（『日本女子大学大学院文学研究科紀要』二輯、一九九六年三月）五四～五五頁。

（6）大前真「ウェッブ夫妻の日本歴訪――その社会理論と文明観に則して」（『人文学報』五三號、一九八二年三月）。金子光一「ビアトリス・ウェッブの福祉思想と訪日（その二）」（『淑徳大学社会学部研究紀要』三二号、一九九八年三月）六九～八六頁。木畑洋一「イギリス・日本・『帝国意識』」（『UP』一七五号、一九八七年五月）二〇～二五頁。宮本盛太郎『来日したイギリス人――ウェッブ夫妻、L・ディッキンスン、B・ラッセル』（木鐸社、一九八九年）。

（7）George Feaver, ed.. *The Webbs in Asia: The 1911-12 Travel Diary*,（London: Macmillan, 1992）. 以下、*Travel Diary*。

（8）Sidney and Beatrice Webb, "The Social Crisis in Japan", *The Crusade*, vol. III No. 1（January, 1912）. reproduced in *Travel Diary*, pp.

359-366. シドニー、ビアトリス・ウェッブ／服部平治・宮本盛太郎訳「日本の社会的危機」（『政治経済史学』二五八号、一九八七年九月）四二〜五〇頁。

（9）*Travel Diary*, p.85.

（10）*Travel Diary*, pp. 364-365. 服部・宮本訳、四九頁。

（11）*Travel Diary*, pp.35-36.

（12）*Travel Diary*, p.36.

（13）*Travel Diary*, p.36.

（14）前掲、金澤『チャリティとイギリス近代』三一三頁。

（15）F. K. Prochaska, "Philanthropy", *The Cambridge Social History of Britain 1750-1950*, volume 3: Social agencies and Institutions, F. M. L. Thompson, ed.（Cambridge: Cambridge University Press, 1990）p. 357.

（16）高田実・中野智世編『福祉――近代ヨーロッパの探究』一五巻（ミネルヴァ書房、二〇一二年）とりわけ「序章」「第一章」「第二章」。より包括的には、デイヴィッド・ガーランド／小田透訳『福祉国家――救貧法の時代からポスト工業社会へ』（白水社、二〇二一年）を参照。

（17）Martin Gorsky, *Patterns of Philanthropy: Charity and Society in Nineteenth-Century Bristol*,（Woodbridge: Boydell, 1999）p.16. 長谷川貴彦『イギリス福祉国家の歴史的源流』（東京大学出版会、二〇一四年）三三頁。

（18）Bernard Harris and Paul Bridgen, "Introduction: The 'Mixed Economy of Welfare' and the Historiography of Welfare Provision", *Charity and Mutual Aid in Europe and North America since 1800*, Bernard Harris and Paul Bridgen, eds.,（New York: Routledge, 2007）p. 7.

（19）坂下史「近世イギリスの社会公益事業」（前掲、陶・姜・見城・桐原編『東アジアにおける公益思想の変容』八一〜八二頁。Thomas Alcock, *Observations on the Defects on the Poor Laws, and on the Causes and Consequences of the Great Increase and Burden of the Poor*,（London, 1752）p.11.

（20）Anthony Brundage. *The English Poor Laws, 1700-1930*,（Basingstoke; Palgrave, 2002）.

（21）Bernard Harris, "Charity and Poor Relief in England and Wales, Circa 1750-1914", op. cit., Harris and Bridgen, eds., pp. 23-36. イギリスのＣＯＳはアメリカにおけるＣＯＳ（第四章参照）のモデルとなった。

(22) 高田実「ゆりかごから墓場まで——イギリスの福祉社会一八七〇～一九四二年」（前掲、高田・中野編『福祉』）七三～八九頁。

(23) 山本卓『二〇世紀転換期イギリスの福祉再編——リスペクタビリティと貧困』（法政大学出版局、二〇二〇年）。

(24) Gillian Pugh, *London's Forgotten Children: Thomas Coram and the Foundling Hospital,* (Stroud: The History Press, 2007) p.17.

(25) 注（24）の文献が包括的。日本語では、吉村（森本）真美「捨て子と帝国——ロンドン・ファウンドリング・ホスピタル（一七四一―一九五四）」（『神戸女子大学文学部紀要』四八巻、二〇一五年三月）四三～五七頁。

(26) Donna T. Andrew, *Philanthropy and Police: London Charity in the Eighteenth Century,* (Princeton: Princeton University Press, 1989) pp. 57-58.

(27) 小山路男『西洋社会事業史論』（光生館、一九七八年）の第六章「救貧法と児童問題」を参照。中村勝美「近代イギリスにおける子どもの保護と養育」（橋本伸也・沢山美果子編『保護と遺棄の子ども史』、昭和堂、二〇一四年）一〇〇～一二八頁。

(28) Thomas Sheridan, *A Discourse of the Rise & Power of Parliament, of Law's, of Courts of Judicature, of Liberty, Property, and Religion, of the Interest of England in Reference to the Desine of France, of Taxes and Trade in a Letter from a Gentleman in the Country to a Member in Parliament,* (London, 1677) p.189.

(29) Andrew, op. cit., p.58.

(30) コーラムの生涯はH. C. G. Matthew and Brian Harrison, eds., *Oxford Dictionary of National Biography Online,* (Oxford: Oxford University Press, 2004) を参照（Oxford Dictionary of National Biography (https://www.oxforddnb.com/)（参照二〇二四年九月一〇日））。

(31) 以下、特に注記のない場合は、Pugh, op. cit., chap. 1-4 および前掲、吉村「捨て子と帝国」に拠っている。Caro Howell, *The Foundling Museum: an Introduction,* (London; The Foundling Museum, 2014) および Kit Wedd, *The Foundling Museum,* (London: The Foundling Museum, 2004) も参照した。

(32) 岩佐愛「捨子養育院における芸術と慈善——ヘンデルの〈メサイア〉慈善演奏会の背景」（『武蔵大学人文学会雑誌』四一巻三・四号、二〇一〇年三月）。

(33) 前掲、吉村「捨て子と帝国」四四～四五頁。

(34) Pugh, op. cit., pp.81, 101.

(35) Ibid., p.92.

(36) Jessica A. Sheetz-Nguyen, *Victorian Woman, Unwed Mothers and the London Foundling Hospital,* (London: Continuum, 2010) pp. 21-24, 42-49. 前掲、中村「近代イギリスにおける子どもの保護と養育」一〇五～一一二頁。

(37) Pugh, op. cit., pp.94-95.

(38) John Brownlow, *Memoranda; or, Chronicles of the Foundling Hospital, including Memoirs of Captain Coram,* (London, 1847) p. 191.

(39) Coram. https://www.coram.org.uk（参照二〇二四年九月一〇日）。

(40) 江里口拓『福祉国家の効率と制御――ウェッブ夫妻の経済思想』（昭和堂、二〇〇八年）第五章、第六章。

(41) 安保則夫著、井野瀬久美恵・高田実編『イギリス労働者の貧困と救済――救貧法と工場法』（明石書店、二〇〇五年）一五三～一五七頁。

(42) 池本美和子「『特集』公的部門と民間部門の役割と責任――社会福祉の歴史を通して：日本」（宇佐見耕一・小谷眞男・後藤玲子・原島博編『二〇一三　世界の社会福祉年鑑』、旬報社、二〇一三年）二一～四〇頁。

(43) 前掲、山名「渋沢栄一にみる公益という名の慈善」。

(44) 小貫秀一郎編『青淵回顧録』上巻（青淵回顧録刊行会、一九二七年）四五二頁。

(45) 渋沢の言葉とされるこの段落中の引用文は、同前、小貫『青淵回顧録』上巻、四七一頁参照。

(46) 古田愛「明治二三年窮民救助法案に関する一考察」（『日本史研究』三九四号、一九九五年六月）五八～七〇頁。池本美和子「わが国における公共救済とは何か（その一）――恤救規則と義務救助主義救貧法案のゆくえ」（『日本福祉大学社会福祉論集』一〇三巻、二〇〇〇年八月）一〇三～一二二頁。池本美和子「わが国における公共救済とは何か（その二）――日本式社会事業と救護法の解釈をめぐって」（『日本福祉大学社会福祉論集』一〇四巻、二〇〇一年二月）五一～七一頁。最新の知見に基づく比較の視点や論点の開示という意味で、以下は特に重要。松沢裕作「明治日本からみた『チャリティの帝国』――公的救済とチャリティの関係を中心に」（『三田学会雑誌』一一五巻二号、二〇二二年七月）三～一六頁。これに直接関連する次の著作もぜひ参照されたい。金澤周作『チャリティの帝国――もうひとつのイギリス近現代史』（岩波書店、二〇二一年）。

第三章　渋沢栄一と第二帝政期のパリにおける社会福祉

岡部　造史

一　若き渋沢がパリで体験した「異文化」

渋沢栄一がその生涯において社会福祉事業に尽力するにあたって、若き日のフランス滞在という「異文化体験」が影響を与えていたことは、渋沢研究においてつとに指摘されるところである(1)。すなわち彼は、一八六七年二月から民部大輔徳川昭武の遣欧使節団に随行してフランスの首都パリに約一年半滞在し、その間にパリの病院を見学し、さらに上流階級による慈善活動に接するなどの機会をえたが、そうした当時の体験が、東京養育院の運営に代表されるその後の社会福祉事業にヒントを与えたというのである。もっとも、この点に関する指摘は個別の体験に関する断片的なものであり、渋沢がパリ滞在中に社会福祉に関して受けた全体的な影響について明らかにするものではない。この問題に接近するためには、まず前提として、当時におけるパリの社会福祉の全体像を明らかにする必要があろう。

ところで、一九世紀ヨーロッパにおける革命と動乱の中心であったパリに関して、フランスの歴史研究は従来、その社会福祉の側面に十分な関心を寄せてこなかった。これに対して近年、さまざまな福祉実践に関する研究が取り組まれているが(2)、その全体像についてはいまだ未知の部分が少なくない。一方、日本においても、一九世紀フランスについては産業革命（工業化）や民衆運動、民衆生活などに関する研究が蓄積されてきた反面[3]、イギリス史などの場合と異なり、社会福祉という視点はむしろ希薄であった[4]。しかし、渋沢が滞在した第二帝政期（一八五二～一八七〇年）のパリは、大規模な経済発展や都市改造事業、さらに万国博覧会の開催といったさまざまな出来事によって特徴づけられるだけでなく、カトリック教会による慈善事業の一つの黄金期とされるなど[5]、社会福祉という点においても注目すべき側面を含んでいる。したがって、この時期のパリの社会福祉に関する検討は、渋沢研究の前提としてだけでなく、フランス近現代史や日仏交流史研究という観点からも少なからず意味を有すると考えられる。

もっとも、イギリスの救貧法のような基軸となる制度が存在しなかった当時のフランスの社会福祉を全体的に俯瞰することはきわめて困難な作業である。しかし近年、「慈善目録（répertoires charitables）」と呼ばれる一連の史料を用いて都市の社会福祉事業の様相に迫る試みがなされている[6]。そこで本章でもこの問題に取り組むにあたって、渋沢らが渡仏した一八六七年に刊行された『パリ宗教慈善事業および団体便覧（*Manuel des oeuvres et institutions religieuses et charitables de Paris*）』（以下、『便覧』）という「慈善目録」を主に使用することにする[7]。これは当時のパリの社会福祉事業[8]についての情報を列挙した目録・ガイドブックであるが、後述するように史料としては少なからず問題を含んでいる。しかし当時のさまざまな社会福祉事業が網羅的に記載されているという点では貴重な検討材料といえる。以下ではまず、第二帝政期パリの全般的状況について確認し、次に『便覧』に記載されたデータから、当時のパリにおける社会福祉事業の具体的な様相を分析する。そして最後に、それらの事業を支えていたものが何であったのかという観点から、当時の社会福祉の性格について考察を加えたい[9]。

二　第二帝政期のパリの姿

第二帝政期のパリは、イギリスのロンドンに次いで当時のヨーロッパで二番目の大都市であり、大陸部においては最大の都市であった。この都市は古代以来発展を繰り返しており、一九世紀においてもナポレオン一世（Napoléon I, 1769–1821）以来、都市整備が徐々に進められていたが、もっとも大規模な都市改造がなされたのが第二帝政期である。当時のパリでは急激な人口増加による衛生、交通、治安などの都市問題の解決が焦眉の課題となっていたが、これに対して当時の皇帝ナポレオン三世（Napoléon III, 1808–1873）は一八五三年に、ジョルジュ＝ウジェーヌ・オスマン（Georges-Eugène Haussmann, 1809–1891）をパリ市の行政を管轄するセーヌ県知事に任命し、パリ都市改造事業にあたらせた。これによって以後一七年間にわたって、舗装や照明を含む道路網の整備、不衛生住宅の撤去、市場や劇場、公園などの建設、上下水道の改善、公共輸送機関の整備といった「パリの外科手術」がおこなわれることになる。またこの時期には周辺の一一市町村の合併によってパリの市域は二倍以上に拡張され、さらに人口は一二〇万人から一六〇万人に増加し、二〇の区からなる現在のパリの市域が形成された[10]（図3・1）。渋沢がパリを訪れたのは、まさにこのように近代的な都市計画の中で、この都市が現在にいたる景観と輪郭を獲得していったさなかのことであった。

このように当時大きな変化の途上であったパリの全体像を俯瞰することは、筆者の力量からしても紙幅の面でも困難なので、以下では本章のテーマである社会福祉との関連から、当時の労働者の状況について概略的に述べておきたい。まず一九世紀前半のフランスの都市労働者の境遇については、工業化・都市化に伴う「大衆的貧困（paupérisme）」の影響が指摘されており、ある歴史家はこの当時のパリに関して、通常人口の三割が生存の糧を持たな

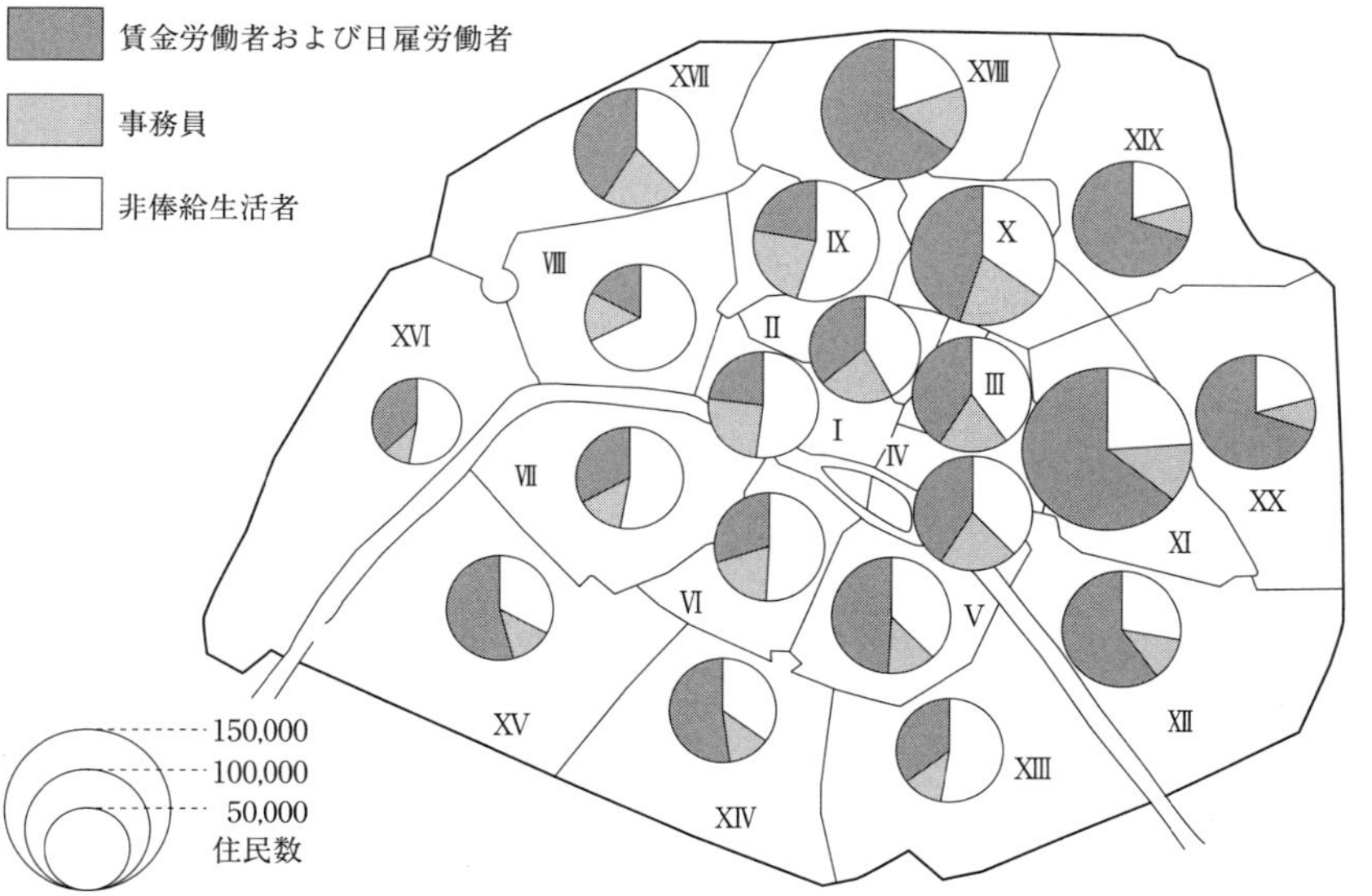

図３．１　パリ市内の各区の職業別人口の割合（1872年）
（出所）松井道昭『フランス第二帝政下のパリ都市改造』（日本経済評論社，1997年），343頁の図をもとに作成。

い貧窮民であったと結論づけている[11]。これに対して第二帝政期は鉄道建設や大公共事業、金融制度改革などによって経済的繁栄がもたらされた時期とされ、またいくつかの社会政策も打ち出されているが、それらは都市の貧困状況を大きく変えるものではなかった。たとえば第二帝政末期においても、パリ住民の四分の一から三分の一が貧窮状態に陥る可能性があったとされる[12]。

さらに、前述のパリ都市改造もまた、貧しい労働者の生活に大きな変化をもたらした。家屋の撤去や新たな住宅の建設は、土地や家屋の収用や家賃の高騰などに伴う住民の移動を惹起し、しかも移動先は住民の社会階層ごとに異なっていたため、都市改造事業は以前からみられた住民の階層ごとの棲み分けをいっそう促進する結果となった（図3・1）。すなわち、これ以降、パリは富裕層の多い西部の街区と労働者・貧困層の多い北部・東部の街区との分離・対立が拡大していったが、このことは社会福祉の観点からも重要な意味を持っている。つまりそれは、それまで同じ街区にさまざまな階層の住民が住んでいたことによって可能であった住民同士の相互扶助や連帯が失われることを意味していた。さらに労働者がパリの一部の地域に集中していったことで、そこが反体制的な活動の温床となりうることも当時としては考えられた(13)。なお、渋沢がパリで滞在していたペルゴレーズ館は、当時賃金生活者などの比率がもっとも少なかった西部の第八区の比較的近くに位置しており（図3・1）、渋沢もまたそのような棲み分けを体感する機会があったことが推測される。

第二帝政はもともと労働者の社会福祉に対して一定の理解を示しており、特に一八六〇年代には資本家やカトリックからの支持を失ったこともあり、労働者の自由拡大にも道を開いていった。しかし前述のように労働者と富裕層との対立が増す状況において、このことはかえってパリの労働運動を激化させることになった。パリでは帝政末期に公開集会やストライキといった運動が多発し、これがやがて第二帝政崩壊後の都市の反乱（パリ・コミューン）を準備することになる(14)。次節では、こうした時期においてパリの社会福祉事業がどのようなものであったかについて検討する。

三　集権的で多種多様な社会福祉事業

（1）一九世紀フランス社会福祉の概観

まず、フランス革命期から第二帝政期までのフランス社会福祉について簡単に述べておきたい(15)。

一八世紀末の大革命によって、フランスでは史上初の生存権の規定と国家による集権的で平等な福祉とが構想されたが、改革が後退した革命末期にはそうした構想はほぼすべて否定され、その後の社会福祉は主に市町村レベルで運営される公的扶助と、カトリック教会を中心とする民間の事業などによって担われていくことになる。このうち公的扶助を担ったのは主に、病気の貧窮民を治療する病院、高齢者や障がい者、捨て子や孤児などを受け入れる養護施設（hospice）、さらに貧窮民の家庭への在宅援助を担当した救貧局（bureau de bienfaisance）であったが、それらは到底十分なものとはいえず、民間事業がそれらを補完する役割を担っていた。革命期には公的福祉の重視や非キリスト教化運動の中で否定されていた民間事業は、復古王政期（一八一四～一八三〇年）以降大きく発展し、たとえば当時のパリでは私的な寄付が公式援助の金額の八～九倍にのぼった可能性があるという。[16]

その一方で、一九世紀、とりわけその前半においては、社会福祉をめぐる自由放任の風潮が基本的には支配的であった。七月王政期（一八三〇～一八四八年）は前述のように工業化・都市化による「大衆的貧困」が支配階層のあいだで問題とされた時期であったが、当時、国家による社会政策は、児童労働の規制などを除けばほとんど存在しなかった。一八四八年に勃発した二月革命はこうした状況に一時的に風穴をあけるものであり、そこで成立した第二共和政（一八四八～一八五二年）においては生存権、労働権などが承認され、失業対策のための「国立作業場」なども設置された。[17]しかしパリの民衆運動の圧力の下で実現したこれらの改革は、その後共和政が急速に保守化する中で短命に終わることになる。同年末に共和国大統領に選出されたルイ＝ナポレオン・ボナパルト（のちの皇帝ナポレオン三世）は社会問題の解決に大きな関心を示し、その後第二帝政期にかけて老齢年金、不衛生住宅などに関する政策が打ち出されたが、それらもまた十分に功を奏したとはいえなかった。

（2）一八六〇年代後半パリの社会福祉の諸相

本節では、一八六〇年代後半におけるパリの社会福祉の諸相を具体的に明らかにする手がかりとして、本章の冒頭でも紹介した『便覧』の内容を検討する。パリでは一八四〇年代から類似の名称の書物が複数回刊行されており、ここで参照する一八六七年の『便覧』もそのうちの一冊である。[18]ただしこの史料はカトリック勢力によって作成されたものであり、分析に際してはその党派性が十分考慮されなければならない。また、この『便覧』には社会福祉と無関係の事業も掲載されており、さらにプロテスタントやユダヤ教の事業に関して欠落があるなどの問題点もみられる[19]。以下ではそうした点に十分留意した上で、分析を進めていく。

まず、この『便覧』に記載されている社会福祉事業を、その種別や対象などによって分類すると、おおよそ表3・1のようになる[20]。事業の種類はきわめて多岐にわたるが、第一に指摘すべきは、子どもや若者向けの事業の数が比較的多かったことである。まず公的な事業としては、たとえば「児童扶助養育院（Hospice des enfants assistés）」という施設が捨て子などの保護を担当し、さらに病気や障がいのある子どもを引き受ける「一般福祉施設（établissement général de bienfaisance）」（後述）もいくつか存在した。しかし民間事業もかなりの数にのぼっており、たとえば母子保護・乳幼児保護事業としては、母性慈善協会（Société de charité maternelle）、託児所（crèche）、保育所（salle d'asile）といった事業が存在し、これらはすべてパリ市内に複数の施設または人員を配置していた。また男女別に紹介されている事業の多くは孤児や貧困児童などの保護と教育、職業訓練などをおこなう孤児院などの事業であったが、女子向けのものが圧倒的に多く、男子向けの事業の倍以上の数を占めていた[21]。

次に一般的な救貧事業については、前述のように当時のフランスの公的扶助では病院、養護施設、救貧局の三つの施設が存在した。このうち病院については一般病院（図3・2）と特定の病気を扱う専門病院、さらに軍人のみを受け入れる軍事病院の三つからなり、『便覧』によれば、前二者での援助はパリ住民については一部を除いて無料であった。一方、養護施設については、原則として高齢（七〇歳以上）または不治の病（年齢二〇歳以上）であること、パリに一〇年以上滞在していること、救貧局に登録されている（貧窮民である）ことなどが利用の条件とされていた。またベッド数が足りないために受け入れられない場合には、その代わりとして「養護施設援助」と呼ばれる現金給付がなされていたとされる。

表 3.1　1867年版『便覧』に掲載されている社会福祉事業の分類

<table>
<tr><th>事業の種類</th><th>公・民の区別</th><th colspan="2">事業の対象・内容</th><th>事業数</th></tr>
<tr><td rowspan="10">青少年向け事業</td><td rowspan="3">公的扶助</td><td colspan="2">病院，養護施設</td><td>4</td></tr>
<tr><td colspan="2">一般福祉施設</td><td>4</td></tr>
<tr><td colspan="2">小　計</td><td>8</td></tr>
<tr><td rowspan="6">民間事業</td><td colspan="2">母子保護・乳幼児保護</td><td>10</td></tr>
<tr><td colspan="2">男子向け</td><td>16</td></tr>
<tr><td colspan="2">女子向け</td><td>44</td></tr>
<tr><td colspan="2">障がい児向け</td><td>4</td></tr>
<tr><td colspan="2">その他</td><td>6</td></tr>
<tr><td colspan="2">小　計</td><td>80</td></tr>
<tr><td colspan="3">小　計</td><td>88</td></tr>
<tr><td rowspan="15">救貧事業</td><td rowspan="10">公的扶助</td><td colspan="2">救貧局</td><td>20</td></tr>
<tr><td rowspan="3">病　院</td><td>一般病院</td><td>8</td></tr>
<tr><td>専門病院</td><td>6</td></tr>
<tr><td>軍事病院</td><td>4</td></tr>
<tr><td colspan="2">養護施設</td><td>14</td></tr>
<tr><td colspan="2">養護施設援助</td><td>20</td></tr>
<tr><td colspan="2">一般福祉施設</td><td>4</td></tr>
<tr><td colspan="2">精神病院</td><td>3</td></tr>
<tr><td colspan="2">その他</td><td>9</td></tr>
<tr><td colspan="2">小　計</td><td>88</td></tr>
<tr><td rowspan="4">民間事業</td><td colspan="2">貧民・病人向け</td><td>23</td></tr>
<tr><td colspan="2">高齢者向け</td><td>8</td></tr>
<tr><td colspan="2">その他</td><td>7</td></tr>
<tr><td colspan="2">小　計</td><td>38</td></tr>
<tr><td colspan="3">小　計</td><td>126</td></tr>
<tr><td colspan="4">防貧事業</td><td>8</td></tr>
<tr><td colspan="4">社会復帰事業</td><td>11</td></tr>
<tr><td colspan="4">外国人向け事業</td><td>18</td></tr>
<tr><td colspan="4">総　計</td><td>251</td></tr>
</table>

（注１）『便覧』記載の事業のうち，社会福祉に関係ないと思われるもの，あまりに特殊と考えられる事業などについては，筆者の判断で除外してある。

（注２）公的扶助については施設ごとにひとつの事業として数えているが、民間事業についてはひとつの事業が複数の施設などを有している場合でも事業数は１としている。また民間事業の中には、同じ団体が複数の事業をおこなっている場合がある。

（出典）*Manuel des oeuvres et institutions religieuses et charitables de Paris*, Paris, Poussielgue Frères, 1867.

図3.2　第二帝政期パリの一般病院のひとつであった
ラリボワズィエール病院

（注）写真は現在のもの。
（出所）筆者撮影（2018年）。

最後に救貧局については、首都パリでは一九世紀前半以降、市内の各区に一つの局が置かれており、また援助が実際におこなわれる援助施設（maison de secours）もこの時期各区に一つないし複数設置されていた。なお、救貧局の援助には「通年援助」と「一時的援助」の二種類があり、前者は満六四歳以上の高齢者や重度の体の不自由な人に対して、後者は子どもの負担が重い家長や寡婦および寡夫、産褥期または授乳中の女性、捨て子、傷病者、病人などに対して支給するとされていた。[22] さらに公的扶助としては上記以外にも、体の不自由な人や回復期の病人などのための「一般福祉施設」と呼ばれる施設や精神病院（asile d'aliénés）が存在し、またナポレオン一世の墓所があることで知られる廃兵院（Hôtel des Invalides）のような、元軍人といった特殊なカテゴリーの人々を対象とする援助事業もみられた。なおフランスの他の地域と異なり、パリの病院、養護施設、救貧局は一八四九年以降「公的扶助総局（administration générale de l'assistance publique）」という組織が一括して運営を担当し、その局長は内務大臣による任命とされていた。また一般福祉施設も内務省の管轄下に置かれていた。

一方、救貧事業をおこなう民間団体もまたかなり多様であった。その代表的なものとしては、まず一八三三年創設の「聖ヴァンサン・ド・ポール協会（Société de Saint-Vincent-de-Paul）」が挙げられる。この協会についてはすでに多くの研究が存在するが、[23]『便覧』では貧困家族への家庭訪問を活動の中心としつつ、見習労働者の支援や炊き出し（fourneau économique）、法律相談といったきわめて広範囲の福祉事業にかかわっていたとされている。またこの団体と並んでよく知られているのが、一七八〇年創設の「博愛協会（Société philanthropique）」である。この団体は救貧局に登録されていない病人の治療と、人々への食糧配給を援助活動の二つの柱とし、パリ市内に六か所の診療所を開設していたほか、冬期には市内七か所での炊き出しをおこなっていたとされる。こうした民間の救貧事業の多くは貧しい人々や病人の救済事業であったが、高齢者向け施設（maison de retraite）もいくつかみられる。また、こうしたいわば通常の救貧事業の他に、たとえば海岸での遭難者の救助、戦時における軍の負傷者の救助、さらに高齢または体の不自由な聖職者の世話といった、いわば特殊な状況下での活動に従事する団体も紹介されている。

また、フランスでは一九世紀以降、人々に貧困への備えをさせるための防貧（将来への備え（prévoyance））事業も存在し、第二帝政期のパリでもそうした事業がみられる。たとえば相互扶助組合（société de secours mutuels）は、組合員が月ごとの分担金を負担することで病気の際の治療や死亡の際の埋葬の費用を得るというもので、一方貯蓄防貧金庫（caisse d'épargne et de prévoyance）は人々がふだんの貯蓄によって窮乏の際の備えをするための施設であった。また人々が窮乏の際に物品を質に入れて現金を借りるための施設である公益質屋（mont-de-piété）も存在した[24]。その他にもいくつかの民間事業や、さらに当時の数少ない国家政策の実施機関（「老齢年金および終身年金金庫」）も紹介されている。

さらに『便覧』では、「社会復帰事業（oeuvre de réhabilitation）」と呼ばれる事業も列挙されている。たとえば一八二六年創設とされる「聖フランソワ＝レジス慈善協会（Société charitable de Saint-François-Régis）」はパリ司教区内の貧窮民の正式な結婚手続きの促進などを目的とするもので、パリではこの協会が創設から一八六七年一月までに四万三二五六組の結婚式を挙行し、二万七三四〇人の子どもを嫡出子としたとされる。しかしこの種の事業の多くは罪を犯したり品行に問題のある子どもを矯正したり支援をおこなうというものであり、たとえば一八四三年創設のある団体は、パリ市を含むセーヌ県の矯正施設を出所ないし仮出所した子どもにすみかと必要な物を与え、職業訓練を施し、仕事に就かせるという活動をおこなっていたとされる。

最後に、当時国際都市としての性格を強めていたパリでは、外国人向けの社会福祉事業も少なからず存在した(25)。『便覧』にはドイツ人、イギリス人、ベルギー北部のフランドル人、イタリア人、ポーランド人、スイス人のための事業が記載されており、たとえば当時パリの外国人としてもっとも人口の多かったドイツ人向けの事業として、貧民や病人の訪問、小学校教師や奉公人、料理人といった職業の斡旋、貧窮民の家庭の援助などが記載されている。

一九世紀のフランス社会福祉については従来、国家政策の消極性および民間事業の拡大・専門分化といった特徴が指摘されてきた(26)。しかし第二帝政期のパリに関しては、その首都という性格もあり、公的扶助が他の地域よりも集権的な枠組みの下に置かれており、また民間事業に関しても、多種多様な活動を展開していたというだけでなく、首都特有の事情に基づくものもみられた。ただし、青少年向けの事業が多いことは、労働問題よりも子どもや若者の教育・訓練への関心が高かったことをうかがわせる。もちろん、事業の種類や数そのものが社会福祉の発展を示すわけではなく、この『便覧』には各事業の実態について断片的な記述しかみられない。さらに前述のようにこの『便覧』に記載されていない（特に非宗教系の）事業の存在も十分想定しなければならない。しかし少なくとも、当時のパリにおける社会福祉事業のイニシアティヴ自体は、かなり多かったものと推測できる。次節では、何がこうしたイニシアティヴを支えたのかという点について、若干の考察を試みる。

四　「公」と「民」の境界を越えた担い手と寄付の増加

まず、当時のパリにおける社会福祉事業の担い手としては、前述の相互扶助組合のように労働者などによって担われたものを除けば、民間事業の場合、当然ながら貴族やブルジョワジーといった支配階層が想定される。『便覧』では民間事業の創設者や運営団体についてあまり体系的に言及されていないが、カトリックの聖職者や修道会の名称が比較的多くみられる。これは『便覧』の成立事情を考えるならば当然であるが、当時は公的扶助においても修道会が関与しており、たとえば渋沢が見学したとされる病院に関しては、[27]『便覧』によれば当時の一般病院のすべてにおいて女子修道会が奉仕をおこなっていたとされる。

一方、社会復帰事業の場合、民間事業であっても司法官僚が主宰していたものがみられる。また、民間事業でありながら皇室や政府などが運営に携わり、いわば半ば公的な事業としての性格を有すると思われるものも存在した。[28]このように、当時のパリの社会福祉事業は、支配階層の中の多様な人々によって、「公」と「民」という境界を越えて担われていたと考えられる。

そして、当時の社会福祉事業は、公的なものであっても公的な財源があまり存在しなかったため、人々からの自発的な寄付などによって支えられる部分が比較的大きかった。[29]これについては渋沢自身がパリ滞在中に慈善バザーなどへの参加を呼びかけられたという逸話があるが、[30]一九世紀前半のパリでは、主に上流層のあいだでそうした寄付への積極的な参加がみられたことが指摘されている。たとえばある史家によれば、当時のパリ社交界では舞踏会やコンサート、バザーといった場における慈善活動への寄付金集めがさかんにおこなわれ、そうした催しへの「一種の熱狂」が生じていた。[31]また別の史家によれば、商人などもこうした寄付金集めなどに参加していた。[32]こうした「熱狂」が一八六〇年代にもみられたのかどうかについて本章では十分なデータが得られなかったが、先行研究はこの時期にフランス全体において慈善・扶助施設への寄付が増大したことを指摘している。[33]またパリについても、一八四〇年から一八六〇年にかけて公的扶助機関への遺贈の年間平均額が大きく増大したことが同時代史料によって示唆されており、[34]さらに一九世紀を通じて慈善事業の数が大幅に増大したとされていることなどもあわせて考えるならば、[35]一八六〇年代においても社会福祉事業への寄付への関心の高まりが少なくともある程度は持続していたとみることが可能である。

では、以上のような社会福祉事業への参加を支えた思想やイデオロギーとはどのようなものであったのか。これについてはまず、キリスト教的慈善の思想や人道主義、さらに支配階層としての矜持（ノブレス・オブリージュ）などが考えられる。しかし注意すべきは、すでに多くの先行研究から明らかなように、一九世紀フランスにおける社会福祉とは、秩序維持や労働者の統合という動機をも内包していたという点である。たとえば救貧局による貧窮家族の訪問は、支配階層の価値観に基づく彼らの道徳化・規律化という側面を含んでいたことが指摘されており、[36]カトリックによる慈善事業もまた、たとえば青少年保護の際の宗教教育を通じて民衆層の信仰の強化を図ることが目的の一つであったと考えられる。革命と動乱の中でたえず安定的な政治体制が模索されていた一九世紀フランスにおいて、社会福祉には救済と同時に統治や秩序維持といった動機が内包されていたことに注意が払われなければならない。

本章での分析はあくまでもきわめて限定的な史料に基づく素描の域を出るものではないが、『便覧』の分析からは、一九世紀半ばのパリにおける社会福祉事業の一端が、いくらかでも明らかになったように思われる。一九世紀半ばのパリにおいて、その首都という事情も相まって非常に多岐にわたる事業が存在したのであり、それらは世紀初め以来の公的扶助とカトリックを中心とする民間事業という従来の枠組みの中で展開する一方で、当時の皇室や政府の社会問題への関心や社会政策の若干の進展、そしてカトリックの慈善事業の高まりといった時代状況の反映でもあった。当時そのような社会福祉事業、そしてそれを支える実践が社会において多くみられたことは、それ自体が事業の実態とかかわりなく、渋沢自身の社会福祉事業に影響を与えたと考えられる。

しかし、一八六〇年代のパリの社会福祉事業は、第二節でみたような労働者の貧困問題などに十分対応できるものではなく、渋沢が帰国した後のパリでは労働運動が高まり、パリ・コミューンが勃発することになる。いくらかの革新的な部分を含んでいたとしても、当時の社会福祉は全体として従来の慈善的な行為に基づく枠組みから大きく脱したものではなかった。フランスにおいて国家が社会政策に本格的に着手するのは、共和主義体制が確立した後の一八九〇年代を待たなければならないのである。

註

（1）鹿島茂『渋沢栄一』下巻（論語篇）（文藝春秋、二〇一三年）四〇～四九頁、長沼友兄「異文化体験と近代社会福祉事業の形成」（渋沢研究会編『新時代の創造　公益の追求者・渋沢栄一』、山川出版社、一九九九年）二六三～二六七頁などを参照。

（2）たとえば一九世紀前半については以下の研究を参照。Catherine Duprat, *Usage et pratiques de la philanthropie. Pauvreté, action sociale et lien social, à Paris, au cours du premier XIXe siècle*, 2 vols., (Paris: CHSS/AEHSS, 1996). また一九世紀末に関しても近年社会福祉に関する雑誌の特集が組まれている（«Dossier-Paris, capitale de la charité à la fin du XIXe siècle», *Histoire urbaine*, no.52 (août 2018), pp.5-119)。

（3）これらのテーマに関する研究はかなりの数にのぼるが、たとえば本章が対象とする第二帝政期については、木下賢一『第二帝政とパリ民衆の世界』（山川出版社、二〇〇〇年）などを参照。

（4）ただし日本でも近年、都市社会史の観点から一九世紀パリの社会福祉に着目する研究がみられる。中野隆生『プラーグ街の住民たち』（山川出版社、一九九九年）、長井伸仁『近代パリの社会と政治』（勁草書房、二〇二二年）第一章。

（5）Jacques-Olivier Boudon, *Paris, capitale religieuse sous le Second Empire*, 1re partie-ch.IV (Paris: Cerf, 2001).

（6）パリに関しては、二〇一〇年代に一九〇〇年の社会福祉事業に関する研究が進められ、それらは以下の比較史的研究に結実している。Christian Topalov, dir., *Philanthropes en 1900. Londres-New York-Paris-Genève*, (Grâne/Saint-Etienne Créaphis éditions, 2019).

（7）*Manuel des oeuvres et institutions religieuses et charitables de Paris*, (Paris: Librairie Poussielgue frères, 1867).（以下、*Manuel, 1867*）なお、これには一八七〇年刊行の補遺（supplément）が存在するが、『便覧』との対応関係が不明確な部分などがみられるため、本章では参照しなかった。

（8）これらのなかには当時のパリ市外あるいはパリを含むセーヌ県の外に位置するものもあるが、本章ではパリ住民が利用可能なものとしてパリの事業に含めている。

（9）なお、本章では史料の名称の場合などを除き、「慈善」の語を民間レヴェルの自発性に基づく社会福祉事業という意味で用いている。

（10）第二帝政期のパリ都市改造については数多くの研究が存在するが、本章ではその概略について、特に以下の研究を参照した。松井道昭『フランス第二帝政下のパリ都市改造』（日本経済評論社、一九九七年）、富永茂樹「オスマンとパリ改造事業」（河野健二編『フランス・ブルジョア社会の成立』、岩波書店、一九七七年）二〇五～二二八頁。

（11）Barry M. Ratcliffe et Christine Piette, *Vivre la ville. Les classes populaires à Paris*（*1ère moitié du XIXe siècle*），（Paris: Boutique de l'Histoire, 2007）, pp.171, 178.

（12）Louis Girard, *Nouvelle histoire de Paris. La Deuxième République et Second Empire, 1848-1870,*（Paris: Hachette, 1981）p.149.

（13）パリ都市改造による社会階層ごとの棲み分けの進展とその影響については、前掲、松井『フランス第二帝政下のパリ都市改造』第八章第三節、および Bernard Marchand, *Paris, histoire d'une ville*（*XIXe-XXe siècle*），（Paris: Seuil, 1993）pp.84-91.（羽貝正美訳『パリの肖像――一九―二〇世紀』（日本経済評論社、二〇一〇年）七五～八三頁）などを参照。

（14）一八六〇年代の労働運動については、谷川稔「第二帝政下の労働運動――第一インターと労働者主義の形成」（同『フランス社会運動史』、山川出版社、一九八三年）九一～一三七頁などを参照。

（15）一九世紀フランス社会福祉の概要について、全般的には Jean Imbert, *Guide du chercheur en histoire de la protection sociale,* v.II（1789-1914），（Paris: CHSS/AEHSS, 1997）, 1re partie などを参照。またパリについては、Duprat, *op.cit.* の他に、大森弘喜「一九世紀初頭パリの救貧行政」（『経済系』〈関東学院大〉二三八集、二〇〇九年一月）一六～二九頁も参照。

（16）Guillaume de Bertier de Sauvigny, *Nouvelle histoire de Paris. La Restauration, 1815-1830,*（Paris: Hachette, 1977）p.144.

（17）木下賢一「第二共和政と第二帝政」（柴田三千雄・樺山紘一・福井憲彦編『世界歴史体系　フランス史3　一九世紀半ば～現在』、山川出版社、一九九五年）八三頁。

（18）Topalov, dir., *op.cit.,* p.644.

（19）この『便覧』には巻末に数ページにわたる正誤表と補遺が追加されている他、著者が事業の見落としや、刊行までに事業の情報が変わった可能性がある点などを認めている（*Manuel, 1867,* pp.VIII-IX）。また、企業の福利厚生事業についても記載されていない。

(20) 以下、パリの社会福祉事業についての内容は特に注記しない限り基本的にすべて『便覧』に拠っているが、細かな誤りと思われる部分などについては修正を施してある。

(21) 一九世紀のパリの児童保護施設については、Danielle Laplaige, *Sans famille à Paris. Orphelins et enfants abandonnés de la Seine au XIX*^{e} *siècle,* (Paris: Centurion, 1989) pp.158-178も参照。

(22) 一九世紀パリの救貧局の活動については、前掲、大森「一九世紀初頭パリの救貧行政」二五～二七頁の他に、林信明「一九世紀前半のフランスにおける慈善事務所の役割」(『花園大学社会福祉学部研究紀要』二一号、二〇一三年三月)五～七頁も参照。

(23) 一九世紀のこの協会に関する代表的な研究としては、以下のものがある。Matthieu Brejon de Lavergnée, *La Société de Saint-Vincent-de-Paul au XIX*^{e} *siècle (1833-1871). Un fleuron du catholicisme social,* (Paris: Cerf, 2008).

(24) なお、これらの防貧事業のうち、貯蓄防貧金庫(貯蓄金庫)と公益質屋はパリにおいて一つの本部といくつかの支部を有し、『便覧』にそれらについての住所の記載があるが、相互扶助組合については当時の組合数が記載されていない。ただし先行研究によれば、一八五四年から一八七二年のパリにおいて、さまざまなタイプの相互扶助組合が約一八〇存在した(Michel Dreyfus, *Liberté, égalité, mutualité. Mutualisme et syndicalisme, 1852-1967,* (Paris: Les Editions de l'Atelier/Editions Ouvrières, 2001), p.50)。

(25) 当時のパリの外国人の状況については、Girard, *op.cit.*, p.137; Boudon, *op.cit.*, 1re partie-ch.V を参照。

(26) Cf. André Gueslin, *Gens pauvres, pauvres gens dans la France du XIX*^{e} *siècle,* (Paris; Aubier, 1998) ch. 7-8.

(27) なお鹿島は渋沢の記述から、彼が訪れた病院を一般病院の一つであるネッケル病院と推測している(前掲、鹿島『渋沢栄一』四〇頁)。

(28) たとえば皇妃ウジェニー(Impératrice Eugénie, 1826-1920)が運営に携わった事業として、前述の母性慈善協会や防貧事業の一つである「皇太子協会(Société du Prince Impérial)」などが挙げられる。また「皇太子孤児院(Orphelinat du Prince Impérial)」という施設では内務大臣やパリの区長などが運営にかかわっていた。

(29) たとえば、公的扶助である救貧局の一八七一年の財源のうち、公的資金は約三分の一に過ぎず、一方、寄付や遺贈などが約五分の一を占めていた(André Gueslin, "L'évolution du Bureau de Bienfaisance en France jusqu'en 1914", Jacques-Guy Petit et Yannick Marec, dir., *Le social dans la ville en France et en Europe (1750-1914),* (Paris: Les Editions de l'Atelier/Editions Ouvrières, 1996) p.244)。

(30) 前掲、鹿島『渋沢栄一』四七～四八頁、および前掲、長沼「異文化体験」二六三～二六四頁。

(31) Anne Martin-Fugier, *La vie élégante ou la formation du Tout-Paris 1815-1848,* (Paris; Perrin, 2011 (1990)) pp.204-216（前田祝一監訳『優雅な生活――〈トゥ＝パリ〉、パリ社交集団の成立　1815-1848』（新評論、二〇〇一年）一九七～二〇八頁）。

(32) Adeline Daumard, *La bourgeoisie parisienne de 1815 à 1848,* (Paris; Alban Michel, 1996(1963)) p.524(notes (5) et (6)).

(33) Jean-Luc Marais, *Histoire du don en France de 1800 à 1939. Dons et legs charitables, pieux et philanthropiques,* (Rennes; PUR, 1999) pp.133-138.

(34) Edouard Knoepflin, *Les bienfaiteurs des pauvres au XIX*[e] *siècle suivis d'une nomenclature complète des dons faits aux pauvres de Paris depuis 1804 à 1860,* (Paris; E. Dentu, 1862) pp.296-297.

(35) Gueslin, *op.cit.,* p.183.

(36) 阪上孝『近代的統治の誕生』（岩波書店、一九九九年）二六〇～二七一頁。

コラム1

養育院の黎明期における大久保一翁と渋沢栄一

稲松孝思

養育院をめぐる誤解

日本資本主義の父ともいわれる渋沢栄一の活動は、経済領域にとどまらず、広く医療福祉や教育などの事業にもおよんでいる。そのなかでも「養育院」とのかかわりは、一八七四年、三四歳のときに大久保一翁東京府知事に共有金取り締まりを託されて以来、生涯にわたり、半世紀を超える。財産家になった渋沢の慈善的な寄付行為で「養育院」がつくられたという誤解が広く流布するが、渋沢自身も講演の中で「自分が作ったのではない」と述べている。それでは誰がどういう目的で「養育院」をつくったのだろうか。

養育院創立の経緯

維新後、江戸—東京は混乱の中にあり多くの窮民が巷をさまよった。江戸の窮民対策として一七九〇年に寛政の改革の中で、老中・松平定信により制定された「七分積金・町会所」の制度は、維新後もそのまま引き継がれ、三田の臨時救育所の運営などに用いられていた。一八七二年の五月に、大蔵大輔・井上馨の示唆により、七分積金・町会所は、共有金・営繕会議所と名前が変更され、都市基盤整備などにも用途が拡大された。このころ、岩倉使節団に加わった由利公正に替わって、大久保一翁が東京府知事に任命された。

大久保府知事は一〇月に営繕会議所に対して救貧対策を諮問し、その答申として「救貧三策」を得ている。①失業者への就職斡旋、②失業対策事業、③働けない鰥寡《かんか》孤独《こどく》を収容する恒久施設の建設である。諮問から答申のあいだが一か月以内であり、答申ありきの諮問であったように思われる。直後の一〇月一五日に、ロシアのアレクセイ（Alexei Alexandrovich）皇子の来日を前に、東京府は浮浪者対策として応急的に本郷の加賀屋敷跡の空長屋に浮浪者二四〇名を収容し、長谷部（車）善七に管理を託し、五日後に浅草溜に移した。これが「養育院」事業の始めとされる。その後、上野護国院の一部を買収して増改築し、翌年二月に養育院の恒久施設が開設された。

このとき、大久保府知事は自ら視察し、翌日、収容者の規範を書いた「養育院掟書」の冒頭に次の一文を寄せている。「人の万物に優れたるは相親しみ相助くる心あるゆえなれば、常にわが身に費やす衣食住の世の恵みに報わんと心がけ、なに業なりとも世のためとなるべきこと勤めて怠る間敷きこと」。この掟書はその後長く養育院の運営指針となっている。また、収容者に手拭いを贈っているが、大久保一翁の深い思いがそこに込められている。その後「養育院」は、鰥寡孤独の収容・保護を主要業務として運営されることになる。それでは大久保一翁とはどんな人だったのであろうか。

大久保一翁について

大久保忠寛《ただひろ》（隠居後一翁を名乗る）は一八一七年生まれで、関ヶ原合戦以前から徳川家に仕えていた由緒ある家系の中級旗本である。ペリー（Matthew C. Perry）の黒船来航時に、老中阿部正弘に幕府目付海防掛に抜擢された若手旗本であり、勝海舟を市井から見出し出世の糸口をつくった人でもある。一八五七年貿易取締り御用のとき、蕃書調所の初代総裁を兼任している。このとき幕閣に提出したのが、「病幼院創立意見」である。これは大規模な西洋式小石川療養所を構想し、財源に七分積金のような仕組みを想定している。その直後、長崎奉行に任命され、計画は沙汰止みになった。その後、駿府奉行、禁裏付、京都南町奉行、お側御用、外国奉行、勘定奉行などを歴任している。家茂将軍のお側御用のとき、大開国・諸侯会議・大政奉還論を唱えて身分不相応な発言だとして隠居させられ、隠居名「一翁」を名乗ることになる。

その五年後、鳥羽伏見の戦いから戦線離脱した徳川将軍慶喜に大久保と勝海舟は善後策を託され、隠居の身ながら大久保は、会計総裁・若年寄に任命されている。また、大総督府からも静寛院宮（和宮）の安全と江戸の治安を託されている。その後、江戸幕府の政権が大総督府に引き継がれる江戸開城の儀式のとき、徳川慶頼（田安家）、浅野氏祐ら幕府代表とともに、東海道先鋒橋本実梁、柳原前光、西郷隆盛らに権力・財産を移譲している。このときの幕府老中は空席であり、大久保は、江戸幕府の実務的責任者であった。彼は、七分積金は松平定信がつくった制度により江戸市民が拠出した救荒対策の資金であることを熟知していたが、この制度は温存され、巨額の財産が明治政府に移譲されたのである。

大久保一翁と渋沢の出会い

大久保は、江戸開城で政権を明治政府に引き継いだ後、中老として、六歳の幼主家達を藩主とする静岡藩七〇万石の立ち上げ、旧幕臣の処遇などに尽力し、静岡県権参事も務め、謹慎中の慶喜の家令もこなしている。

パリ万博使節団（徳川昭武首班）は、幕府崩壊のため一年半で中止・帰国する。会計・庶務掛の渋沢は帰国後報告のため、静岡の宝臺院で謹慎中の慶喜を訪れるのである。

渋沢は、欧州での昭武の様子、幕府資金の運用を報告し、パリで投資して得た資金を託したあと、水戸へ行く心積もりであった。しかし、慶喜や大久保に押しとどめられ、勘定組頭格として静岡にとどまることになった。財政困難な維新政府は、由利公正の提案で太政官札を発行し、各藩に貸し出したが、当時の静岡藩に貸し出された太政官札は五〇万両におよぶ。その使途について渋沢は建言した。すなわち、太政官札と静岡の商人から集めた資金、パリから持ち帰った資金を合わせて商法会所を立ち上げて運用しようというのである。この意見は取り上げられ、渋沢は商法会所を立ち上げることになる。商法会所の総理は大久保であり、実際の運営を渋沢がおこなうのである。そこでかなりの利をあげた。

一八六九年の秋に渋沢は、外務卿伊達宗城《むねなり》秘書役の郷純造から、上京を求められたが、慶喜のもとで働きたいと、当初は明治政府に仕えることに抵抗した。しかし、「それでは慶喜公が人惜しみしているといわれ、恭順の意が疑われる」と大久保に説得されて上京、大隈重信の説得もあり、明治政府の民部省に任官することになる。自ら提案した改正掛長などで三年半のあいだ大活躍し、明治政府の財政運営の要となった。しかし、時の大蔵卿・大久保利通（薩摩）と意見が相違し、一八七二年、井上馨とともに渋沢は政府を退くことになる。

東京府知事大久保一翁について

廃藩置県の後の一八七二年に徳川家達とともに上京した大久保は、明治政府とは距離を置きながらも、文部省の二等官として処遇され、ついで第五代東京府知事に任命される。混乱した東京の窮民対策に、七分積金による恒久施設として、「養育院」を開設する。また一八七四年に、皇室下賜金により芝愛宕下に大規模な近代的西洋式病院、すなわち「東京府病院」を開設した。東京府病院の実運営は、旧幕臣の坪井信良（幕府奥医師→駿府病院）、牧山修卿（咸臨丸船医→西洋医学所頭取）、織田和泉（函館奉行→静岡藩中老）、旧長岡藩の長谷川泰などの旧幕府系の人が要所を占め、養育院医長らを派遣し、医療-福祉一体の運営を試みることになる。アシミード（米内科医）（Albert Sydney Ashmead）、マニング（英外科医）（Charles Manning）、ブッケマ（蘭内科医）（Sharko Weebenga Beukema）ら欧米の医師を高給で雇用し、幻に終わった幕末の江戸病院を実現する近代的・教育的病院として運営された。いわば幕末の「病幼院創立意見」の構想を、明治になって実現したにほかならない。

渋沢栄一が養育院にかかわった事情

渋沢は一八七三年に第一国立銀行を立ち上げたが、この多忙な時期に、旧知の大久保府知事に、営繕会議所の事務運営を託された。渋沢が養育院の運営に直接関与したのはこのときからである。養育院は、一八七六年に東京府直営となるが、財政負担が大きく、議会で廃止の論議がなされた。渋沢は抵抗したが、一八八五年の議会で税の支出停止が決定された。

それではと、渋沢は養育院委員会を組織し、伊達宗城などの重鎮をメンバーとし、財政基盤確立のための養育院慈善会にてバザーや寄付集めをおこない、委任経営のかたちで養育院業務を維持した。また、渋沢は公的経営の必要性を主張しつづけ、ついに一八八九年に東京市の運営に戻ったのである。このときから渋沢は東京市の委託職員として無給の東京市養育院長に就任し、一八九六年には、大塚に本院を新築し、以後生涯養育院にかかわりつづけた。

経済人として多忙な中で、月に一～二度は養育院を訪れるが、実運営は幹事の安達憲忠や田中太郎、東大兼任の入澤達吉や派遣医師らが担当することになった。彼らとの熱い論議の中で、小児施設、感化院、結核施設、ハンセン病施設などを次々と分化独立させ、日本の福祉・医療を担う公的機関として発展させていったのである。

また、一八七四年に創設された東京府病院は、財政負担が大きく、一八八〇年に縮小、二年後に廃院となり、有志共立東京病院（高木兼寛ら）に払い下げられた。この病院が後に慈恵会医院に発展していくが、その財政的基盤の確立には、渋沢栄一が大きく貢献したのである。

その渋沢の活動を支えたものとして、母親譲りの慈悲心、欧米文明社会への夢、経済人の公益心の重視などが指摘されてきた。それらとともに、大久保一翁から託された養育院に対する責任感、掟書きの冒頭の「共助意識」が底流となっているように思われる。いわば養育院の生みの親は大久保一翁、長期にわたって維持発展させた育ての親が渋沢栄一であるといえる。

参考文献

稲松孝思「目付海防掛（蕃書調書総裁）大久保忠寛の『病幼院創立意見』安政四年（一八五七）について」（『日本医史学雑誌』五七巻二号、二〇一一年六月）一九九頁。

稲松孝思「社会と福祉の視点から」（渋沢研究会編『はじめての渋沢栄一』、ミネルヴァ書房、二〇二〇年）一八三～二〇六頁。

稲松孝思「日本経済の父渋沢栄一の社会事業について」（『日本医史学雑誌』六八巻三号、二〇二二年九月）七九～八〇頁。

稲松孝思「歴史探訪　黎明期の養育院と大久保一翁、渋沢栄一」（東京都健康長寿医療センター編『東京都健康長寿医療センター　病院、研究所開設五〇年・養育院創立一五〇年記念誌』、二〇二三年）二六一～二六六頁。

稲松孝思・松下正明「大久保忠寛の『病院幼院創立意見』（安政四年）と東京府病院（明治六～一四年）について」（『日本医史学雑誌』五八巻二号、二〇一二年六月）二〇四頁。

東京市養育院編『養育院六十年史』（東京市養育院、一九三三年）。

東京都総務局「七分積金始末」（東京都総務局文書課『東京都史紀要第八』東京都公文書館、一九五一年）。

光田健輔編『黎明期に於ける東京都社会事業と安達憲忠翁』（編纂委員会、一九五六年）。

コラム2

『航西日記』にみる社会福祉・慈善事業

関根　仁

『航西日記』とは

一五代将軍徳川慶喜の実弟・徳川昭武《あきたけ》が一八六七年、フランスのパリで開催される万国博覧会に将軍名代として派遣された。この昭武に随行した渋沢栄一と杉浦譲《ゆずる》の共著による全六冊の紀行が『航西日記』である。

一八六七年二月一五日（慶応三年一月一一日）に、昭武一行が横浜を出港してフランスに到着した後、パリ市内の視察や万博見学、皇帝謁見など公式行事を経て、同年一二月一七日（同年一一月二二日）までの欧州巡歴の様子が日記形式で記されている。

共著者の杉浦譲（通称愛蔵、一八三五〜一八七七）は広く知られた人物ではないかもしれない。杉浦は甲府出身の幕臣で、一八六一年に外国奉行支配書物御用出役となり、一八六三年には外国奉行池田長発《ながおき》を正使とする遣欧使節団の随員として渡欧した経験がある。一八六七年に再度渡欧し、明治維新後は静岡学問所教授を務めた後、一八七〇年に新政府へ出仕。富岡製糸場建設、郵便、戸籍、度量衡などの諸政策に大きな役割を果たした。

昭武に随行する際、杉浦は外交官（主に書記役）、渋沢は会計・庶務という役目であった。立場は違うものの、旅行中に二人は意気投合したようで、帰国後に旅の記録を出版しようと話し合った。そして「青淵漁夫」（渋沢）と「靄山樵者」（杉浦）の著者名義で、一八七一年から翌年にかけて「耐寒同社」より『航西日記』が出版された。

本書の巻之一〜四（横浜出港からパリ滞在の期間）は杉浦の日記類、そして巻之五、六（欧州巡歴の期間）は渋沢の日記類が基になっている。編纂にあたっては渋沢と杉浦が日記を「口授」して、杉浦の父・七郎右衛門が文章を執筆したという。

また、七郎右衛門が校正、浄書、筆耕、彫刻などのやり取りといった編纂実務を担当した。さらに近年の研究成果から、本書が一八六七年の渡仏時におけるリアルタイムの史料ではなく、日記のほか、メモ類、新聞記事など種々の材料を基に編纂された書物であることが明らかになっている。

渋沢と杉浦の西洋体験

『航西日記』の記述は、昭武一行が乗ったフランス船アルフェー号が横浜を出港する記事から始まる。以後、上海、香港、サイゴン、シンガポール、セイロン島、アデンなど各地を寄港しながら船旅をする様子が描かれる。

杉浦は航海中の出来事を自身の日記やメモとして詳細に記録しており、各寄港地の記事では、イギリス、フランス列強が着実に進出していることを如実に描写している。また西洋の文化や事業を積極的に紹介しており、たとえば横浜出港直後の記事中には、パンにバターを塗って食べ、食後にはコーヒーを飲むなど、船内での洋食風景を描写する（巻之一、慶応三年一月一二日条〔『伝記資料』一巻、四六二〜四六三頁〕）。そしてスエズからアレキサンドリアに向かう汽車の車窓からは、スエズ運河の大規模な公共工事の風景を見る（巻之二、同年二月二一日条〔『伝記資料』一巻、四七二頁〕）。

約二か月の旅を経てパリ到着後は、万博会場や市中視察、公式招待会などが記されている。なかでも圧巻は、フランス皇帝ナポレオン三世（ルイ・ナポレオン、Napoléon III /Louis Napoléon, 1808-1873）の謁見式である（巻之二、同年三月二四日条〔『伝記資料』一巻、四八六頁〕）。将軍慶喜の国書を持参した昭武が、皇帝のいるチュイルリー宮殿へと向かう馬車の様子や、宮殿の出迎え銃兵、軍楽隊、厳粛に立ち並ぶ一〇〇人の御親兵、「皇帝の間」までの描写につづき、謁見の模様が詳述される。外交官ではない渋沢は謁見式には随行できなかった。それゆえ、これらは杉浦による事細かなメモが基になった。書記としての杉浦の力が存分に発揮された場面であろう。

パリ万博にまつわる公式行事が済んだ後、昭武は随員たちを従えて、各国元首の謁見を主目的とした欧州巡歴に出かける。スイス、オランダ、ベルギー、イタリア、マルタ島、イギリス訪問である。しかし、杉浦ほか数名が急きょ、日本へ帰国することが決まり、渋沢は書記役を引き継ぐ。そのため以後の記述は、渋沢の日記が基になる。

渋沢も欧州巡歴の日々を詳しく記録しており、『航西日記』にはその成果が十二分に反映されている。各国元首謁見の様子や社会、軍事、産業・経済の状況、名産名品などが紹介され、渋沢が好奇心旺盛に西洋の文物を見聞したことがわかる。

社会福祉・慈善事業に関する記事

『航西日記』には、本巻のテーマである社会福祉や慈善事業に関する記事も少なくない。

たとえば、先述のフランス船内における洋食の記事の最後に「医療」について記されていることはあまり知られていないだろう（巻之一、同年一月一二日条〔『伝記資料』一巻、四六三頁〕）。

朝より夜までに食は二度、茶は三度を常とし、其食する極めて寛裕を旨とし、尤《もっとも》烟草など吸ふを禁す（中略）若《も》しくは不食か疾病あれば医をして胗《ちん》せしめ、其症に随て薬餌《やくじ》を加ふ、此等の微事を載るは贅語なれとも微密丁寧、人生を養ふ厚き、感ずるに堪たり

西洋の食事の基礎的な情報とともに、「不食」や「疾病」の際には医師に診察してもらい、薬が処方されることを述べる。それが「人生を養ふ厚き、感ずるに堪たり」という著者の感想となっている。

マルセイユで視察した「学校」については、以下のように述べている（巻之二、同年三月四日条（『伝記資料』一巻、四七五頁））。

図１　『航西日記』全六巻
（出所）渋沢史料館所蔵。

此生徒寄宿中の費用、修行衣食、其他一切の雑費都《すべ》て一歳凡九百フランク程にて足れりと、蓋《けだし》富有の者《もの》合力《ごうりょく》して別に助成の設《もうけ》あれはなりといふ

昭武一行は「舎密《せいみ》学《がく》」の試験場で製薬や顕微鏡のほか、教室、食堂、生徒室などを視察した。そして当時は約五〇〇人の生徒が寄宿している様子を紹介し、学費が低廉に設定されていること、さらに地域の有力者による寄付金によって同校が運営されていることに注目しているのである。

また、ナポレオン一世（ナポレオン・ボナパルト、Napoléon I /Napoléon Bonaparte, 1769–1821）の墓と「廃兵院」を訪れた時の様子を次のように記す（巻之二、同年三月一六日条（『伝記資料』一巻、四七六頁））。

此墓はセイヌ川向《むかい》、博覧会場の最寄にて、デザンバリードと云所也、結構《けっこう》壮麗、規模広大にて、他邦より来るもの彼此を択《えら》はず縦観せしむ、墳墓の傍に数棟の家屋あり、其家屋に寄寓するは、都て戦争の節、重傷を受け廃人となりし類なり、蓋官より右様の地を撰みて国に力《つとめ》し廃疾の者等を安治せしむるの法と見ゆ、墳墓の前殿及四方の戸々に立て、門番なとする者は多くは右戦争の節、手を傷めし人々也、又器械なと装塡羅列する処を守るは多く足を傷めし人なり

フランスは当時、クリミア戦争（一八五三年）、アロー戦争（一八五六年）、イタリア統一戦争への介入（一八五九年）など対外戦争を繰り返しており、一八六一年からはメキシコ遠征をおこなった。こうした状況を反映して

いるのであろう。戦傷病兵や傷痍軍人が収容され、門番、監視員として雇用されている様子を詳細に説明している。

　そして『航西日記』における社会福祉に関する記述として比較的知られているのは、昭武一行がパリ近郊の「病院」を視察した記事であろう（巻之三、同年五月六日条（『伝記資料』一巻、五〇二〜五〇三頁））。

　此病院は市中に接し高敞の地に在り（中略）巴里市中に或る富家の寡婦、功徳の為め、若干の金を出して、創築せし由にて、其の写真の大図、入口に掲けてあり（中略）故に此地にては、病者はかならす病院に就て療養を請し、医療の過ちにて夭殞《ようゐん》なく、其天然の齢を遂るを得せしむといふ、是人命を重んするの道といふへし

視察した病院が、パリ市内に住む富豪の未亡人の出資により創立されたものであることを紹介する。また引用は省略するが、病院内の設備を詳細に記していることからも関心の高さがうかがえる。そして医療施設が整備されていることは、すなわち西洋社会における「人命を重んするの道」なのであると評している。

　その他、昭武がナポレオン三世、ロシア皇帝アレクサンドル二世（Aleksandr II, 1818-1881）、ベルギー国王レオポルド二世（Leopold II, 1835-1909）ら各国の代表者とともに競馬観戦をした記事（巻之三、同年四月三〇日条（『伝記資料』一巻、四九八頁））は、現代の私たちが読んでも非常に印象深い。このときにナポレオン三世とロシア皇帝がレースの賭けをして、勝ったロシア皇帝が賞金を「巴里の貧院」に寄付したという。

示唆に富む渋沢と杉浦の視点

『航西日記』は、海外に行くことが困難であった幕末の時代に、フランスをはじめ欧州各国を訪問した徳川昭武一行の動向や渋沢と杉浦の見聞をまとめた貴重な記録である。これまでの諸研究や一般書では、記事のうち、ことさらにフランス船内での「パンにバター」や「コーヒー」、またスエズ運河の工事といった記述が強調されてきたように思われる。しかし、ここまで見てきたように、渋沢と杉浦は滞仏中に社会福祉や慈善事業にも大きな関心を寄せ、それらを広く紹介しようと企図したのである。

　出版から一五〇年が経過した現在、『航西日記』は一般にはほとんど馴染みのない書物となっているが、渋沢と杉浦の視点、関心は、二一世紀を生きる私たちにも多くの示唆を与えてくれるだろう。

参考文献

渋沢史料館編『渋沢栄一渡仏一五〇年　渋沢栄一、パリ万国博覧会へ行く』（渋沢史料館、二〇一七年）。
渋沢史料館・松戸市戸定歴史館編『忘れられた幕末維新——

一八六七年パリ万国博覧会と徳川昭武、渋沢栄一』（渋沢史料館・松戸市戸定歴史館、二〇一九年）。

関根仁「青淵漁夫・靄山樵者著『航西日記』の基礎的研究」（『仏蘭西学研究』四五号、二〇一九年六月）一三〜三五頁。

関根仁「渋沢栄一が見たパリ万国博覧会と西洋近代経済社会」（『月刊資本市場』四二七号、二〇二一年三月）四四〜五三頁。

長沼友兄「異文化体験と近代社会福祉事業の形成」（渋沢研究会編『新時代の創造　公益の追求者・渋沢栄一』、山川出版社、一九九九年）二六二〜二七七頁。

第Ⅱ部　渋沢栄一がみたアメリカのフィランソロピーとフィランソロピスト

第四章　アメリカにおけるフィランソロピーの歴史と渋沢栄一

キャサリン・バダチャー（Katherine Badertscher）
ドゥワイト・バーリンゲイム（Dwight Burlingame）
（翻訳・兼田　麗子）

一　本章における問題意識

渋沢栄一の資本主義に対する考え方、とりわけ、渋沢がいかに道徳的・倫理的規範をもってビジネスやフィランソロピーをおこなったのかを知ることは、現代の研究者や実務家にとって有益である。特に、企業内部だけでなく、グローバル社会でも理解が求められている「企業の社会的責任」において渋沢から学ぶところは大きい。ところが、公益の概念や施しのあり方について我々が調査したところ、太平洋を隔てて重要かつ微妙な違いが存在することが明らかになった。本章は、渋沢が影響を受けたアメリカのフィランソロピストたちと渋沢との相違点や渋沢の特徴を浮き彫りにすることを最終目的として、渋沢の生きた時代、すなわち一九世紀末から二〇世紀初めにかけてのアメリカのフィランソロピーの歴史的変遷をまずは考察していく。

フィランソロピーは、古代からある普遍的な現象だが、いまだにその意味を明確に理解することは難しい。文字通り「人類愛」と訳されるその言葉は、多くの場合、富裕層からの多額の寄付金を意味する。世界的にみて、この言葉には問題があると考える人が多い。なぜなら、それだけでは寛大さの性質や度合いをとらえることができないためである。一部の人々にとっては、フィランソロピーは社会の上流階級による貧困層への施しに含まれる活動を意味する。同様に「チャリティ」にもまた、依存心の強い貧困層が特権階級から施しを受けるというイメージがある。

「チャリティ」と「フィランソロピー」は同じような目的を持つが、その意味合いは微妙に異なる。「チャリティ」は、与える側の利他主義、通常は貧しい人々に対する直接的かつ個人的な贈り物、即効的な性質をもった小さな寄付を意味する。一方、「フィランソロピー」は、与える側の自己の利益と価値という含みを持つ。それは、間接的・体系的・組織的な寄付であって、世間の注目を集めるような大規模な寄付という意味合いを持つ。「チャリティ」が状況を改善するための短期的なものであるならば、「フィランソロピー」は長期的で、根本的な原因に対処し、システム的な変化を目指すものである。本章では、こうした意味合いを念頭に置いて「チャリティ」と「フィランソロピー」という用語を扱う。

フィランソロピーは社会的、歴史的に条件づけられたものであり、フィランソロピーを社会と切り離して理解することはできないというウォーレン・イルチマン（Warren F. Ilchman）（経済開発モデル分野などを専門とするエコノミスト——訳者注）の指摘は重要である。[(1)] フィランソロピーは「自由自在な活動」ではなく、その文化が抱える問題や状況を反映している。そのため、フィランソロピーの理想と活動をめぐっては、文化や時代を超えて絶えず議論やすり合わせがおこなわれるのである。一九世紀のアメリカにおけるフィランソロピーは、人類愛、チャリティ、慈善、人道主義、プロテスタントの救済論、社会改革から構成されていた。

二　フィランソロピーの萌芽――「市民の熱意と宗教的情熱の高まり」（南北戦争以前）

渋沢が生まれた一八四〇年当時、日本はまだ鎖国下にあり、いわゆる「太平の世」であった。徳川時代、日本人の精神は儒教と仏教に支えられていた。渋沢は幼少期から儒教の古典を学び始めた。そのため、一八五〇年代の開国時には儒教思想に完全に傾倒していた。この儒教教育を基に渋沢は、「経済と道徳の両立」という新しい経済思想を明治時代に構築し、指導者を含む日本社会に大きな影響を与えることになった。渋沢は、儒教を改めて解釈し直し、単なる宗教的教義ではなく、実践的な現代生活に合うもの、対人関係、経済、ビジネス、「フィランソロピー」の指針としたのであった。(2)

日本における鎖国から産業化への転換は、産業によるフィランソロピーへの影響を含め、アメリカ初期の共和国から産業国への転換に非常に似通っている。南北戦争（一八六一～一八六五年）以前のアメリカでは、法制度やプロテスタントのコミュニティに対する責務、宗教的な自由主義がボランティア団体にとって好ましい環境を醸成していた。宗教的な高まりが南北戦争以前のフィランソロピーのあり方をかたちづくった。この時代の特徴についてデイビッド・ハマック（David C. Hammack）は、「市民の熱意と宗教的情熱の高まり」という表現で説明している。(3) この時代、貧困な移民労働者階級が都市に出現し、従来のアメリカ人社会に道徳的な問題をもたらし始めていた。南北戦争以前の改革主義者たちは、都市のスラム街に暮らす家族たちに対し、同情、恐れ、嫌悪が入り混じった思いを抱いていた。階級に関係なく、道徳を守らなくてよい人などいない、つまり、誰もが互いに複雑な宗教的・共同体的な義務を負っているという前提に改革者たちは立っていた。

一九世紀を通して、チャリティをおこなう欲求を掻き立てていたのは宗教的な教えだった。コミュニティのメンバーは、義務ではなく愛によって結びつきながら、誰もが自らの努力で成功する可能性を秘めていた。プロテスタントの倫理は、成功した市民に情け深さを求め、恵まれない人々には可能な限り働く意欲を期待した。新大陸、アメリカが事実上無限のチャンスを約束したこともあり、「個人の自由、個人の努力、そして個人の責任で成功を獲得する」、これがアメリカ人の歴史的な特徴となった。(4)

そのため、この、アメリカに浸透するようになった自助、自足、自尊という文化的信念をこの時代以降、文学が強化するようになった。慈善団体の女性たちは、「何かを与えてくれる人間はあまり私のためになっていないが、私が自分で何かをできるようにする人間は大いに私のためになっている」というラルフ・ウォルド・エマーソン（Ralph Waldo Emerson）の言葉を引用した。エマーソンは、一八四一年の『自己信頼（Self-Reliance）』というエッセイにおいて、一般的な意見や社会の圧力などではなく、個人の潜在的な自己価値や才能が大切なのだと主張した。特定の貧しい人々を救済するという「素晴らしい大義」などを多くの救済団体が掲げていたが、エマーソンは、そのような大義に本当は心から共感していない慈善の寄付を批判した。彼は、「すべての貧しい人々を良い状況にするという義務が私にはある、と言うな。彼らは〝私の〟貧しい人々なのか」と警告した。(5)

宗教的な表現と自己信頼の両方に密接なつながりを持つものがボランティア団体の文化だった。建国当初のアメリカでは、大きな政府権力に対しての抵抗感が根づいており、それがフィランソロピーの基礎となる市民団体の形成につながった。慈善帝国と呼ばれる宗派を超えたプロテスタント・ボランティアの緩やかなネットワークは、変化する不安定な社会でキリスト教の価値観を守り、家族を支援しようと奮闘した。ボランティア団体は、聖書協会や日曜学校教育、公立学校教育、伝道協会、禁酒、第一波フェミニズム、児童支援協会など、さまざまな改革を次々に推し進めた。プロテスタントの女性たちは、慈善帝国の重要な主体だった。相互に関係しながらも独立していた改革組織を著名な男性たちが指揮し、女性たちは資金調達や教会の補助的運営にあたった。(6)

奴隷制度を廃止するということが、その他のあらゆる改革運動を人々の目から遠ざけ、最終的には南北戦争をもたらした。南北に及んで、戦地に赴いた男性の多くは二度と地域に戻ることがなかったため、女性たちを公の生活、たとえば兵士に対する援助やその他のサービスなどに動員することがどうしても必要になった。南北戦争は、社会サービスを含むアメリカ人の生活のほぼすべての側面を一変させた。女性が公の場で活躍し、病院づくり、医学教育、看護訓練という側面で医学が発展した。

戦時にフィランソロピーは、個人の道徳改革から中央集権的・国家的・組織的なものにシフトし、その特徴は大きく変容した。米国衛生委員会（The United States Sanitary Commission：USSC）は、ボランティア、資金調達者、公衆衛生専門家の力をまとめるインフラ組織の見本となった。専門組織、規則、効率性、科学分析は、アメリカにおける慈善の未来をはっきりと示すものだった。同様に、米国キリスト教委員会（The United States Christian Commission：USCC）も、人間が起こした悲劇を受けて戦場に牧師を派遣し、魂を救済するという国家機関としての役割を担った。

このように、渋沢が成長した頃と同時期のアメリカでは、宗教の混乱や改革運動、ボランティア団体、自己信頼の礼賛を背景にフィランソロピーの機運が高まっていったのであった。一八五三年のペリー提督の来航によって日本は開国することになり、日米間の貿易・外交関係が始まった。欧米の技術や社会制度、ビジネス教育が日本に流入した。

渋沢は二七歳で徳川昭武パリ万博使節団の一員として渡欧する機会に恵まれた。渋沢は、自らの二〇代について、初代駐日アメリカ総領事のタウンゼント・ハリス（Townsend Harris）に会うまでは「攘夷派を自認」していたと語っていた。ハリスは、通訳のヘンリー・ヒュースケン（Henry Heusken）を暗殺で失ったが、日本に対して揺るぎない友情を示していた。他の外国の大使たちは日本の治安の悪さを非難していたが、ハリスは邪心なく東京での仕事を勇敢につづけていた。総領事のこの姿勢をみた渋沢は、ハリスの生涯と仕事についての研究を開始した。後に渋沢は、「そのときに攘夷の概念は完全に吹き飛ばされ」、「アメリカとアメリカ人について学び」始めたと述べていた。(7)

アメリカと西洋文化を学んでいくにつれて渋沢は、アメリカ建国の父であるベンジャミン・フランクリン（Benjamin Franklin）の自伝、アレクシ・ド・トクヴィル（Alexis de Tocqueville）の『アメリカの民主政治』、エマーソンの『自己信頼』にふれることになったのだろう。これらの著者に共通していたものは、消防から児童福祉、教育、図書館に至るまでのさまざまな目的を、全て公益のための自発的行動という名目のもとで果たす市民参加やボランティア団体、すなわちフィランソロピーを強く支持する立場であった。

三　変質するフィランソロピー——科学として、ビジネスとして（一九世紀半ばから二〇世紀初頭）

（1）産業化と科学的フィランソロピーの誕生

一九世紀半ばの日本とアメリカは、太平洋のみならず、限られた通信手段によっても隔てられていた。日本の鎖国からの開国とその後の戦争、そしてアメリカの南北戦争とのあいだにはほとんど共通点はないように思われるが、社会および経済が受けた影響は驚くほど似通っていた。日米両国とも、政治的な激変、産業化、ほぼすべての生活様式の抜本的な改革を経験していた。新しい国として生き残るためには、それまでの伝統を捨て去らなければならなかったのである。

南北戦争後に起こったさまざまな変化により、多くのアメリカ人は、既存の不安定な協会やボランティア団体では、急速に変化する産業経済やそれに付随する社会問題についていくことはできないと考えるようになった。戦争により、障がいを負った退役軍人や兵士の未亡人、子どもたちが、支援制度もないまま置き去りにされた。アメリカの急速な産業化と欧州からの大量の移民は、労働条件や公衆衛生、複数世帯がひしめく安アパートの生活を大きく変化させた。一方で、かつてないほどの富の集中が起こった。いわゆる「金ぴか時代」である。

大規模な、それも多くの場合、独占的であった製造企業が急増し、鉄鋼、石油、鉄道、電気、化学、自動車など、永続的で強力な産業が形成された。人々は安定した雇用を求めて都会の産業の中心地に押し寄せた。アメリカの人口は倍以上に膨れ上がり、増加した人口の四〇パーセントを移民が占めた。巨大な企業トラストに安価な労働力を提供する人々はどんどん増え、労働者と所有者のあいだには多くの管理階級が生まれた。「金ぴか時代」の「泥棒男爵」と呼ばれる大物実業家は億万長者となり、中にはその何倍もの富を蓄える者もいた。個人の所得税も独占禁止法も存在せず、かつてないほど巨額の富の蓄積が可能だったのである。不平等な経済発展により、世紀の変わり目には、約四〇〇〇世帯が国家の富の大半を支配する一方で、工場労働者、移民、南部のアフリカ系アメリカ人のあいだには貧困が蔓延した。富裕層と貧困層の格差はかつてないほど拡がっていた。

産業雇用への転換に伴い、公衆衛生や上下水道、疾病の問題、そのほかにも、安アパートでの暮らし、アルコール依存症、路上生活など、都会生活の厳しい現実に直面する人々が増加した。労働者階級と経営者階級、貧困層と富裕層、移民と旧来のアメリカ人との分断は、社会関係に対する不安を生じさせ、その不安はあらゆる社会階層に広がった。

社会が複雑になっていくと、従来の説明や予測手法では対応しきれなくなっていった。研究者のあいだでも民衆のあいだでも科学的なアプローチや合理主義が注目を集め、さまざまな分野で知識の組織化が始まった。産業の独占が進むにつれ、多くの大学や専門団体も発展し、社会生活や政治、経済、教育に関する思想や議論、実践が熱く展開されるようになった。科学の旗印のもとに社会学理論が発達し、それが思想的な基盤となって専門的なフィランソロピーへのシフトが起こった。また、理論の実践面であるソーシャルワークの職も、専門的なフィランソロピーへの移行を後押しした。

こうした変化が合わさり、一九世紀末には、社会問題に対応するための事務的な手順の導入、データや根本原因を分析することの重視、事後的救済ではなく予防のための戦略というような、いくつかの基本概念に基づく科学的なフィランソロピー運動が展開された。活動の広がりは、構造よりも哲学にあらわれ、与える、ということに関して秩序だった体系的なアプローチが色々と出てきた。たとえば、慈善組織協会、セツルメント、フェデレーションギフト、専門的なソーシャルワーク、専門的な資金調達、商工会議所、カーネギーやロックフェラー、セージといった民間財団などであった。運動の手法は、自発的行動主義、ノブレス・オブリージュ、宗教、社会的ダーウィニズムを融合し、寄付者と受益者、そしてコミュニティの利益を同時に保証するものだった。(8)

ステファン・ハンフリーズ・ゴーティーン（Stephen Humphreys Gurteen, 1836-1898）牧師は、ドイツおよびイギリスのモデルとダーウィニズムの概念を融合し、一八七七年にアメリカ初となるバッファロー慈善組織協会（Charity Organization Society：COS）を設立した。それから一〇年のうちに人口一万人以上のすべての都市で同様の体制が整備された。COSは、全国に広がるにつれ、貧困の根本原因を特定し、サービスの重複をなくし、健康な貧困者に仕事をさせるという科学的フィランソロピーの目標実現のための重要な制度的手段となっていった。COSの運営、および主要な資料や情報センターの維持はCOS職員がおこなったが、ボランティアが極めて重要な役割を担うことに変わりはなかった。上流階級の価値観を貧困者に植えつける責任を負ったボランティアの友愛訪問員が、ほぼすべての対面調査やケースワークを担っていた。

ビジネスと組織化されたチャリティには共通する価値体系があり、ビジネスリーダーたちは進んでCOSの原則を取り入れた。たとえば、インディアナポリスCOSは、「倹約、自立、勤勉、そして（中略）善行」という中産階級の美徳を奨励しており、一八八九年のコミュニティに対する報告書には、事務的・能率的に「悪の根源を断つ」ことを可能にする「科学的原則とビジネス手法」を採用することを明記した。資金援助は、同胞に対する純粋な同情、そして貧困を防ぐための「ビジネス投資」という二つの側面から呼びかけられた。インディアナポリスの銀行家、ジョン・P・フレンツェル（John P. Frenzel）は、自立的で独立した都市という理想を主張した。彼は「道徳と経済は切っても切り離せない関係にある。経済と倹約を主な特徴とするコミュニティでは、生命と財産に対して最大限の安全が保証される。人々の家庭により多くの喜びと安らぎが与えられるのである」と述べている。(9) フレンツェルはこのように、COSというシステム内における与え手と受け手の双方の生活の質をまさに向上させるものとして、勤勉と倹約という伝統的な柱を強調したのであった。

(2)「ボランティア全盛期」の一九世紀——上中流階級女性の積極的関与

一九世紀には、男性と女性が自由に協力し合って、あらゆる種類の社会奉仕団体、すなわちフラワーミッション（女性によるチャリティ団体——訳者注）からホームレス施設、児童支援協会、訪問看護師協会までを設立した。上流および中流階級の女性たちは、自らの行為が人々の役に立つものであると考え、積極的にフィランソロピーに従事した。彼女たちは家事労働を使用人に任せ、自らは多数の社会福祉ボランティア団体のマネージャーや理事、会計責任者に就任した。女性たちが社会的クラブに入会したのは、クラブの会員がコミュニティづくりの中心であった時代であった。クラブ運動は、ボランティア団体やそれに関連する官民の民間委託モデルに対してアメリカ人が抱いていた親しみという、すでに始まっていた流行を土台としていた。クラブへの参加によって、社会経済的地位、人柄、公共的なことへの参加意欲を知ることができるため、紳士録ではクラブへの参加と家庭が相互参照されることが多かった。クラブに入会している男性も女性も、他の会員とのあいだに帰属意識、紐帯、仲間意識を感じていると繰り返し主張していた[10]。

キャサリン・D・マッカーシー（Katherin D. McCarthy）は、富、特権、そして地域奉仕が密接に結びついていた一九世紀を「ボランティアの全盛期」と評している[11]。聖職者以外のフィランソロピー関連の職業は、脆弱で無秩序、あるいは存在しているとはいえなかった。南北戦争以前の裕福な女性は、寄付者やボランティアとしてコミュニティに参加することが期待された。選挙権が認められるまで、黒人、白人、あるいは中産階級、富裕層を問わず、女性たちはボランティア団体を通じて団結し、路上環境、売春、アルコール依存症、児童労働など、さまざまな公共の問題に取り組んでいた。慈善団体を設立した女性たちは、資金を提供するだけでなく、運営にも携わった。しかし、一九〇〇年を過ぎると後援者たちは、慈善団体の運営の訓練を受けた専門の職員に徐々に委託するようになっていった。男性も女性もフィランソロピストたちは等しく、感情よりも運営を重視し始めた。たとえば、公共福祉施設や医療機関では、訓練を受けた医師や看護師が、善意だが経験の乏しいボランティアに取って代わった。実業家は、慈善的なベンチャーに経営技術を応用し、改革をさらに組織化した。

一九〇〇年以降の進歩主義時代には、法律の力をかりながら、社会に順応していくための本格的な改革が始まった。改革者たちは、科学的フィランソロピーと政府との共通点を反映する現実的な法改正を推し進めた。

(3) フィランソロピーのビジネス化

渋沢が東京商業会議所（現東京商工会議所）を代表してアメリカ視察旅行に参加した頃、すなわち一九〇九年頃、インフラ整備の拡大に伴って、地方および全国規模の商工会議所が次々に設立された。アメリカの第一次世界大戦への参戦は、市民生活やビジネス、フィランソロピーにいくつもの財産を残した。戦時中には、短期集中的な募金活動が初めておこなわれ、人々はこうした資金集めの方法に慣れていった。愛国心は、市民の一体感、犠牲的精神、公共の福祉への献身をつくり出した。個人の利益から社会の利益へ、という抜本的な転換が起こり、個人の生活と市民としての生活の垣根が崩れていった。市民の忠誠心は曖昧なままであったが、それまでは家族が担っていた道徳的役割を行政がある意味で果たすようになった。人口の急増とともに市民の義務感が生まれ、それが都会の中産階級におけるノブレス・オブリージュへと変化した。市民の熱意はその人の評判を高めるだけでなく、避けられないものであったと考えられる。

都市のインフラ拡大と合わせて、人間とその都市とが強く信念的に結びついたことによって、慈善活動が個人の道徳改革から都市環境の改善へと転換した。市や慈善団体は、環境要因に注目し始め、より意識的に都市環境を計画し、道徳的な居住地となる都市を構築しようとした。ＣＯＳのボランティアは徐々に廃れていき、新しくできた公衆衛生、児童・家族福祉、レクリエーション施設の職員のポストには、雇用されて慈善を仕事とする人々が就任するようになった。商工会議所は、市民の関心を高めるためにさまざまなイベントを開催し、社会奉仕クラブの会議スペースとして事務所を提供し、市全体にかかわる問題を取り仕切った。商工会議所にはあらゆるビジネスに携わる会員が所属し、商工会議所の幹部たちは、さまざまな利益団体をまとめることができるのは自分たちをおいて他にいないと感じていた。

二〇世紀初めには、このようにボランティアによる慈善行為が職業的なフィランソロピーへと変化し、それ以前の世代が抱いた一九世紀のビジョンある理想主義が衰えるとともに、アメリカの社会福祉は組織化と統合の時代に突入した。救世軍、赤十字、アメリカ義勇軍、ボーイズ・アンド・ガールズ・クラブ・オブ・アメリカ、ビッグ・ブラザーズ・ビッグ・シスターズ・オブ・アメリカなど、非営利団体が全国的に急成長し、それらを率いるために専門家が招集された。プロフェッショナルのソーシャルワーカーは、義務と奉仕という理想を取り入れ、最終的に温情主義に基づくフィランソロピーを締め出した。社会福祉機関は、もはや時間に余裕のある中産階級の女性たちが活動する場ではなくなった。一八八〇年代から一八九〇年代にかけて、セツルメント施設の中心的存在であった大学教育を受けた独身女性たち、当時は学術界、政界、実業界で職に就くことができず、暇を持て余していた存在であった人たちであったが、そのような女性たちが溢れている場でもなくなった。

実業家たちは、寄付者として、また理事会のメンバーとして、運営の合理化と効率化、言い換えると組織化、官僚化、専門化をはかり、かつてのボランティア的な慈善団体のかたちをととのえていった。ビジネスリーダーたちは科学的フィランソロピーの設計と運営を重視し、その多くが最終的には専門的な手法によって貧困の原因を取り除くことができると考えていた。このようにビジネスリーダーの社会福祉への影響が高まったことによって、個人の介入は排除され、ノブレス・オブリージュは衰弱していった。

四　アメリカを代表する三人のフィランソロピスト

(1) カーネギー、ロックフェラー、セージ

渋沢は、一九〇九年の渡米実業団団長を引き受けるのと同時期にほとんどの仕事を引退していたため、長期間にわたる旅行、国際交流、執筆に柔軟に臨むことができた。この一〇年間、アメリカの近代的な財団は精力的な発展を遂げ、創設者は寄付の社会的役割について熟考した。一九〇一年から一九一一年までに、アンドリュー・カーネギー（Andrew Carnegie, 1835–1919）、ジョン・D・ロックフェラー（John D. Rockefeller, 1839–1937）、マーガレット・オリヴィア・セージ（Margaret Olivia Sage, 1828–1918）は、個人的な相当数のフィランソロピーに加え、人道主義と社会変革という広い視野にたって、合計で一五の国家的規模の財団を設立した。こうした積極的な富の創造と財団創設という時代を締めくくったのは、反トラスト法、すなわちシャーマン法（アメリカ初の独占禁止法──訳者注）と

クレイトン法だった。各財団の創設者たちは各セクターが有する課題、すなわち政府がかかえていた法的問題、企業が直面していた競争や経済的混乱についての課題、フィランソロピーがかかえていた戦略的な資金獲得のための新路開拓という問題、これらに折り合いをつけていくべく向き合った。最終的に、カーネギー、ロックフェラー、セージは、欧米の信仰の伝統と自己信頼の教義を思想的な根拠として、自分たちなりにアレンジしたものをつくりだした。

カーネギーは、一八八九年の有名なエッセイ二つ、すなわち『Wealth』（後に『富の福音（The Gospel of Wealth）』として知られるようになったもの）と『The Best Fields for Philanthropy』（『フィランソロピーに最善の分野』）の中で、大胆にも「金持ちのまま死ぬのは不名誉な死に方だ」と主張して、生きているうちに富を分配するよう仲間たちに厳粛に呼びかけた。カーネギーのエッセイは、不平等と社会不安が背景にある中での繁栄を合理化する彼の初期の姿勢を表している。彼は「一時的な富の不平等な分配に対する本当の解決策は、富裕層と貧困層とのあいだで調整をはかること、つまり調和による統治である」と述べている。したがって、はっきりとした目的がある、すなわち「コミュニティにとって、もっとも有益な結果をもたらすと計算される」場合は、余剰収入を信託財産とみなすことが長期的な解決策だというのであった。[12] 彼が挙げた七つの「最善の分野」（大学、無料図書館、病院または医学校、公園、コンサートホール、大衆浴場、教会）は、一見、やや単純なように思われるが、カーネギーの財団の指針は、カーネギーの生涯を通じて徐々に高度化され、先見性を高めていった。そうしていく中で、国際平和などの世界的な問題にも目を向けていくようになった。

ロックフェラーの個人的および組織的なフィランソロピーの実践は、彼自身のバプテスト信仰の伝統と労働倫理に根差していた。彼は『The Difficult Art of Giving』（『寄付という難しい技術』、一九〇七年）において、自らいうところの慈善事業の哲学について次のように述べていた。「永続的な利益をもたらす唯一のこととは、人が自らのためにおこなうことである」[13]と。ロックフェラーは、地域および世界各国の両方で教育および医療を中心に寄付をおこない、それらの指針はロックフェラーのフィランソロピーの核として今日まで引き継がれてきている。

マーガレット・オリヴィア・セージによる熱心なフィランソロピー活動は、夫である資本家のラッセル・セージが亡くなった後に始まった。彼女は、女性問題に常に全面的に関与し、「女性には頭脳、エネルギー、勇気があり、時間を浪費する道徳的権利は誰にもない」という見解を示していた[14]。夫、ラッセルの遺産として富を相続した彼女自身も時間を無駄にはしなかった。マーガレットは、あえてラッセル・セージの名前をとった財団を設立した。この財団の目的は、社会科学の研究や社会福祉の革新を推し進めていこうというものであった。

ロックフェラー、カーネギー、セージによって渋沢の「公益」の概念は、目先の救済にとどまらない「フィランソロピー」という側面がより強くなった。一九〇九年に渡米実業団に参加した際の渋沢の発言をみてみよう。そこには渋沢の哲学が表れている[15]。

　アメリカでは慈善活動が非常に発展しており、感銘を受けました。一方、日本は大きく遅れを取っており、私もこの分野には三〇年携わっていますが、常に課題に直面しています。（中略）チャリティの究極の目標は、できるだけ多くの人に支援をおこなうことではなく、支援を必要とする人を減らすことだと考えています。

アメリカの三人の出資者はいずれも、個人の資源を「公」の信託として捉え、一個人が単独で達成できるよりも大きな世界のビジョンを管理していくべきだと考えていた。感銘を受けたと語っていた渋沢も、受託責任、熟考すること、フィランソロピーの思想的基盤の探求という考え方に賛同したのだと考える。これらのリーダーたちのあいだには、さらに調査が必要な相違点が見受けられる。アメリカの出資者たちは、人生の早い段階では持ち得なかった規模の莫大な富を蓄積した後に、あるいは相続した後に、研究や自己研鑽の機会創出のための助成活動をおこなった。

一方、渋沢は、個人的な経験、漢学、儒教の伝統、アメリカのチャリティの現場視察に基づいて、長年にわたって慈善活動をおこなった。渋沢は、企業や「フィランソロピー」団体を新設する際、関与する大企業を自分のものにしたり、独占しようとしたりしなかった。渋沢は生涯にわたり、利益を得られる機会であっても自らの道徳規範にそぐわない場合はそれを拒否した。たとえば、岩崎弥太郎と手を組んで利益を独占することを拒絶した渋沢は、岩崎の三菱会社による海運業独占を打破するために共同運輸会社の設立に尽力した。経済と道徳の調和、すなわち倫理的な利益という信念を堅持していたために、独占的な関与を回避したのであった。

ちなみに、経済と道徳の原則を掲げるカーネギーを称賛する一方で、過剰な富を蓄積するロックフェラーには賛同していなかったようである。渋沢は、ロックフェラーの宗教、高等教育、医療、科学に対する目立たないが重要な支援については、認識していなかったと思われる。

(2) もう一人のフィランソロピスト——渋沢と立場が近いローゼンウォルド

ここまで、アメリカを代表するフィランソロピスト三人についてみてきたが、アメリカにおける近代のフィランソロピストの中で渋沢ともっとも近い立場をとっていたのは、シカゴのジュリアス・ローゼンウォルド（Julius Rosenwald, 1862-1932）である。ローゼンウォルドは、シアーズ・ローバック社を築き、戦後復興後の分断された南部諸州のアフリカ系アメリカ人の子どもたちのために五三〇〇校以上の学校の建設を推し進めたことで知られる。

ローゼンウォルドは当時の多くのフィランソロピストに「官民」パートナーシップという考えを伝授した。カーネギーが寄付した公立図書館の運営は地域の資金で継続しなければならなかったように、ローゼンウォルドも地域のコミュニティや州に対して、学校建設のための応分の助成金を求めた。渋沢と同様ローゼンウォルドもまた、フィランソロピーの目的は社会変革を促し、政府がそれを受け入れることであると考えていた。渋沢もローゼンウォルドも同じように、生きているうちに財産を使うことを主張した。一九二九年五月にローゼンウォルドは、「どのような目的であっても永久的な寄付には反対する」[16]と、簡潔に、そして力強く自らの見解を示した。ローゼンウォルド基金は、創設者の希望によって一九四七年に助成金の提供を停止した。ローゼンウォルドの名前がロックフェラー、カーネギー、セージほど知られていないのは、そのためである。

五　『論語』の「忠恕」を欧米の「愛」になぞらえた渋沢

(1)『論語と算盤』を通して渋沢が伝えたかったこと

渋沢とアメリカの初期の主な財団創設者たちとのあいだの明確な相違点として浮かびあがってくることは、公益を追求しながら最適な資本と人材を集め、事業を推進させるという「合本主義」の原則である。渋沢はアメリカの銀行制度に基づいて金融資本を呼び込んだが、独占体制を敷かなかったため、富が多くの従業員に均等に分配され、欧米のように富が過剰に蓄積されることはなかった。また、「合本主義」は、渋沢が表明していた引退後の目標、それは、渋沢が追求し続けてきたもので、さらなる取り組みが必要だと感じていた三つのテーマ、すなわち社会的事業を通じての富のさらなる再分配、資本と労働の関係の改善、社会福祉に関するリーダーシップと資金の強化であるが、それらの目標にも貫かれていた[17]。

日本の民間社会福祉の向上という引退後の三つ目の目標からは、二〇世紀初めのアジアと欧米のフィランソロピーに関してのもう一つの重要な違いを見てとることができる。アメリカでは、科学的フィランソロピーへの全体的な転換が起こった。そして、そのリーダーたちは、専門性、ビジネス原則、組織、国家の領域の拡大による啓発的な力を心から信じていた。アメリカの商工会議所は社会サービスまでその領域を拡大した。それは東京商業会議所も同様だったが、渋沢は、東京府が生活困窮者の救済に一定の資金を割り当てているにもかかわらず、貧しい人々の苦しい状況は変わらないことに気づいていた。日本の社会福祉事業の体裁が整ってからも渋沢は、研究調査を追求するだけではなく、子どもや未亡人、高齢者、病人、体の不自由な人たちの基本的な要求を満たすために必要な資金を提供しつづけた。

政府、ビジネス、フィランソロピー、家庭など、社会のあらゆる分野で数十年にわたって成功と名声を積み重ねた渋沢は、『論語と算盤』を出版し、その哲学は今日まで受け継がれている。この『論語と算盤』には、回顧録、ビジネスマンの仲間たちに向けた教訓、独自のリーダーシップの裏づけとなる経験がつづられている。この中で渋沢は、論語に即した倫理的行動と利益は必ず一致すると説いている。『論語と算盤』を通じて渋沢が読者に訴えたことは、与えること、受け取ることは誰もができることである、という儒教の重要な互恵主義である。渋沢は、温情主義あるいは職業的な「フィランソロピー」の概念ではなく、幼少時代の教えに立ち返り、それを近代に応用した。その教えとは、「徳の高い人（仁者）とは、自らが立ちたいと思えば他人を先に立たせ、自らが達したいと思えば他人を先に達せさせる。常に他者を自分のように考える。それが仁者の考え方」というものであった[18]。

興味深いことに、渋沢は儒教の基礎に立ち返ることによって、欧米への旅や欧米の人々から学んだことをまとめあげたのである。渋沢は、欧米から「新しい」理論が日本に入ってきたことを認識しつつも、その理論は孔子が数千年も前に成文化していた概念と同じ「古い」理論だと考えた。日本は外国の考えを学ぶべきだが、古くから伝わる本当に貴重な教訓は簡単に捨て去るべきではない、と渋沢は身をもって示していた。渋沢はまた、儒教の黄金律を欧米的に解釈したもの（他者に施す）とアジア的解釈（害を与えない）を比較し、アジアの方が寛大であると考えた。[19] 最終的に渋沢は、論語の「忠恕」を欧米の「愛」になぞらえた。渋沢のこの解釈はまさに我々をフィランソロピーの本来の意味へと立ち返らせるものである。このように渋沢の人生の教訓は、『論語と算盤』で一巡して戻ってきたといえよう。

(2) 一つの、あるいは複数の時代の終焉

政府、ビジネス、フィランソロピーの関係を再定義し、日米両国を福祉国家に変えることになる出来事が起こるなど、誰も予想していなかった。一九二九年のアメリカ株式市場の崩壊とそれにつづく一九三〇代の世界恐慌により、非営利団体への寄付が減少する一方で、社会サービスの需要は増大した。一九二九年から翌々年までだけでも救済コストは四倍に膨れあがった。既存の救済機関に過剰な負担がかかり、全国の非営利団体の実に三分の一が閉鎖に追い込まれた。コミュニティの資金は特に大きな打撃を受け、優先順位はすべての貧困者の救済に置かれるようになった。慈善組織協会は、再編、あるいは家庭福祉機関へ統合された。一九三三年には、フランクリン・ルーズベルト（Franklin D. Roosevelt）大統領によって全国復興庁（National Recovery Administration：NRA）が創設され、救済に対する連邦政府の関与が高まり、政府、ビジネス、フィランソロピー間の連携が明確にかたちづくられた。その後の法律により、政府支出に裏打ちされたさまざまな救済の取り組みが展開された。社会福祉に関する非営利団体の経費削減が可能になると同時に、連邦政府を含めた行政があらゆるレベルで公共の福祉に永続的に関与することになった。

一九三一年の渋沢の死去によって、日本の政府、ビジネス、フィランソロピーは一変し、元に戻ることはなかった。互恵主義、国際平和に献身した渋沢の取り組みの最後は、儒教発祥の国、中国に対する「中華民国水災同情会」の会長としてのリーダーシップ発揮であった。この、渋沢最後の人道的行為は、満州事変によって、日本と中

国が取り返しのつかない紛争への道を歩むことになった頃のことであった。[20] 一〇年以上にも及ぶ戦乱状態が終わりをつげた戦後の日本では、政府が、自発的な慈善活動の役割にしっかりと取って代わり、福祉の中心的な機能を担うようになった。

渋沢は、その生涯を通じて、常にコミュニティを「全体」として考え、人々を経済的、社会的、政治的にまとめるための行動を取りつづけた。渋沢の実践と考え方は、アメリカをはじめとする世界中が、熟考する意味のある歴史的教訓を今いっそう示している。

註

（1）Warren F. Ilchman, Stanley N. Katz and II Queen Edward L, eds., "Introduction", *Philanthropy in the World's Traditions*, Warren F. Ilchman, Stanley N. Katz and Edward L. Queen II, eds., (Bloomington; Indiana University Press, 1998) pp. x-xi.

（2）Hideko Katsumata, "Eiichi Shibusawa: Father of Japan's Modernisation and Renowned Philanthropist", *Great Philanthropists: Wealth and Charity in the Modern World, 1815-1945*, Peter Mandler and David Cesarani, eds., (Portland, OR: Vallentine Mitchell, 2017) p. 123.

Masahide Shibusawa and Gil Latz, "Rediscovering Shibusawa Eiichi", *Rediscovering Shibusawa Eiichi in the 21st Century*, Gil Latz, ed. (Tokyo: Shibusawa Eiichi Memorial Foundation, 2014), p. 9. Kuo-hui Tai, "Confucianism and Japanese Modernization: A Study of Shibusawa Eiichi", *Japanese Business: Cultural Perspectives*, Subhash Durlabhji and Norton E. Marks, eds., (Albany: State University of New York, 1993) pp.49-52.

Yoshinori Yamaoka, "On the History of the Nonprofit Sector in Japan", *Johns Hopkins Nonprofit Sector Series 7: The Nonprofit Sector in Japan*, Tadashi Yamamoto, ed. (New York: Manchester University Press, 1998) p.22.

（3）David C. Hammack, *Making the Nonprofit Sector in the United States*, (Bloomington: Indiana University Press, 1998) p.116.

（4）Merle Curti, "American Philanthropy and the National Character", *America's Voluntary Spirit: A Book of Readings*, Brian O'Connell, ed. (New York: Foundation Center, 1983) p.422.

（5）　General Federation of Women's Clubs, *Third Biennial General Federation of Women's Clubs: by invitation of the Woman's Club of Louisville, Ky., May, 1896,* （Louisville, KY; Flexner Brothers, 1896） p.138.

（6）　Walter I. Trattner, *From Poor Law to Welfare State*, 6th ed.（New York; Free Press, 1999） p.67.

（7）　タウンゼント・ハリス（一八〇四～一八七八）は、ニューヨークで成功を収めた商人であり、初代駐日米国総領事となった。日米のあいだで「ハリス条約」の締結交渉をおこない、江戸時代の日本に外国貿易と文化を初めて受け入れさせた外交官として知られる（在NY日本国総領事館「日米交流一五〇周年記念」（https://www.ny.us.emb-japan.go.jp/150th/html/nyepi2a.htm）（参照二〇二四年九月一〇日））。ハリスは生涯にわたって渋沢に大きな影響を与え、渋沢は一九〇九年に実業団として渡米した際にハリスの墓参りをした（Kimura Masato, "U.S.-Japan Business Networks and Prewar Philanthropy: Implications for Postwar U.S.-Japan Relations", *Philanthropy and Reconciliation: Rebuilding Postwar U.S.-Japan Relations*, Yamamoto Tadashi, Iriye Akira, and Iokibe Makoto, eds., （New York; Japan Center for International Exchange, 2006） p.285. Kyugoro Obata, *An Interpretation of the Life of Viscount Shibusawa,* （Tokyo; Tokyo Printing Co., 1937） pp.189–190.

（8）　Paul Boyer, *Urban Masses and Moral Order in America, 1820-1920,* （Cambridge; Harvard University Press, 1978） Chapter 8. Peter Dobkin Hall, "The Community Foundation in America, 1914–1987", *Philanthropic Giving: Studies in Varieties and Goals*, Richard Magat, ed.（New York; Oxford University Press, 1989） p.183. Michael B. Katz, *In the Shadow of the Poorhouse: A Social History of Welfare in America*, rev. ed. （New York; Basic Books, 1996） Chapter 3.

（9）　John P. Frenzel, "The Financial Method", Indianapolis Benevolent Society, *Year-Book of Charities: Work of 1891–92,* （Indianapolis; Indianapolis Benevolent Society, 1893） p.22. 1882 Report of the Committee, BV 1170, *The Family Service Association of Indianapolis Records, 1879–1971* （Collection no.M0102） （Indianapolis; Indiana Historical Society）. Indianapolis Benevolent Society, *Year-Book of Charities: Work of 1888–89,* （Indianapolis; Indianapolis Benevolent Society, 1890） pp.7, 21, 32.

（10）　Katherine Badertscher, "Social Networks in Indianapolis During the Progressive Era", *Indiana Magazine of History* , vol.113, no. 4 （December 2017）, p.282. Ruth Crocker, *Mrs. Russell Sage: Women's Activism and Philanthropy in Gilded Age and Progressive Era America,* （Bloomington; Indiana University Press, 2006） pp.113–114.

（11）　Kathleen D. McCarthy, *Noblesse Oblige: Charity & Cultural Philanthropy in Chicago, 1849-1929,* （Chicago; University of Chicago Press, 1982） p.3.

(12) Andrew Carnegie, "Wealth", *North American Review*, vol.148, no.391 (June 1889). Andrew Carnegie, "The Best Fields for Philanthropy", *North American Review*,vol.149, no.397, (December 1889).

(13) John D. Rockefeller, *Random Reminiscences of Men and Events*, (New York; Doubleday, Page & Company, 1913) p.177.

(14) M. Olivia Sage, "Opportunities and Responsibilities of Leisured Women", *North American Review* ,vol.181, no.588 (November 1905).

(15) Hideko Katsumata, "Japanese Philanthropy: Its Origins and Impact on U.S.-Japan Relations", *Philanthropy and Reconciliation: Rebuilding Postwar U.S.-Japan Relations*, Yamamoto Tadashi, Iriye Akira, and Iokibe Makoto, eds., op.cit.p.325.

(16) Julius Rosenwald, "The Principles of Public Giving", *The Atlantic Monthly*,vol.143, no.5 (May 1929) p.604.

(17) Masato Kimura, "Shibusawa Eiichi's View of Business Morality in Global Society", Patrick Fridenson and Takeo Kikkawa ed., *Ethical Capitalism: Shibusawa Eiichi and Business Leadership in Global Perspective*, (Buffalo, NY; University of Toronto Press, 2017), p.124. Masakazu Shimada, *The Entrepreneur Who Built Modern Japan: Shibusawa Eiichi*, (Tokyo; Japan Publishing Industry Foundation for Culture, 2017) pp.139-141.

(18) Analects（この内容の部分は、雍也第六の三〇で、渋沢栄一『論語講義（二）』講談社、一九七七年、一四七頁などを参照――訳者注）。

(19) John A. Tucker, "Confucianism, Capitalism, and Shibusawa Eiichi's Analects and the Abacus", *A Concise Companion to Confucius*, Paul R. Goldin, ed. (Hoboken, NJ; John Wiley & Sons, 2017) pp.320, 325.

(20) Masahide Shibusawa, "China and Shibusawa Eiichi in History", *Shibusawa Eiichi Studies*, (Tokyo; Shibusawa Eiichi Memorial Foundation, 2008) pp.17-18.

第五章　社会事業家としての渋沢栄一
——四度にわたる訪米とフィランソロピストとの交流——

渋沢田鶴子
渋沢　雅英

一　「民による民のための社会事業」への開眼

渋沢栄一は一九〇二年、一九〇九年、一九一五年、一九二一年にアメリカを訪れている。四度にわたる訪米の主要な目的は日本の実業界の代表としてアメリカの実業、産業と社会事業を視察し、日米親善、特に日米関係に見られた摩擦の緩和に尽くすためだった。一九〇二年に六二歳で初めてアメリカを訪問した渋沢はすでに養育院院長だけでなく、東京感化院慈善会の会計担当と聖路加病院の評議員副会長として会計監督に携わっていた。とくに養育院では院長としてその存続のために努力し、また、資金の増殖を図り、分院を設立し、大規模な施設へと発展させていた。さらに一九〇九年に「渡米実業団」の団長としてアメリカを二度目に訪問した前年からは中央慈善協会の会長として国内における社会事業団体の組織化を試み、中央慈善協会を商工会議所に匹敵するような組織に発展させようとしていた。

生涯において約六〇〇の社会事業にかかわった渋沢を開眼させたのは、アメリカではなく一八六七年に歴訪したヨーロッパ各国である。フランスで近代的な病院を訪問し、それが寄付によって運営されていたことを知り、また市民による慈善活動に接し、福祉は個人によるものではなく、公共によるものだと確信した。ヨーロッパで「民による民のための社会事業」に接したことは、若い頃から官尊民卑の打破を目指していた渋沢にとって、現地で社債や株式会社のシステムについて学んだのと同じような影響があった。渡仏から三五年、社会事業の重鎮としてアメリカで渋沢が体験したのは、目から鱗が落ちるような広大なスケールの「民による民のための社会事業」だった。

渋沢がアメリカで親交を深めた実業家は、往々にして渋沢と同じように社会事業に携わっていた。名前だけでなく、実質的に生活困窮者への支援と社会改革に真剣に取り組んでいた者が多い。渋沢と同様、彼らの活動も実業・フィランソロピー・民間外交を切り離して考えることはできない。そしてこのことが渋沢とアメリカの実業家との信頼関係の礎となった。本章では①渋沢の渡米した時代のアメリカの社会事業の発展、②渋沢と親交のあったアメリカの実業家たちの社会事業活動、そして③アメリカの実業家たちとの交流に見られる渋沢の社会事業家としての信念について、考察する。

二　初めての訪米で受けた感銘

一九〇二年、渋沢が初めて渡米した時、日本は日清戦争（一八九四～一八九五）の勝利により、世界的な注目を集めるようになった。中国が「眠れる獅子」ではなく「病める獅子」であったことが明らかになると、アジアに対する西欧列強の見る目が変わり、中国での鉄道の建設、鉱山の開発などの利権や、いわゆる「勢力圏（sphere of influence）」の確保を求めて狂奔し始めた。日本もこの結果、アジアにおける「帝国主義」の枠組みの一部ににわかに参加することになり、欧米諸国に脅威的存在として見られるようになった。アメリカはハワイ、グアム、フィリピンを制し、中国の門戸開放、領土保全を掲げて対極東戦略を積極化させる一方、日本に対しては日本人移民排斥や

「黄禍論」を主張し、南満州鉄道の共同経営、中立案を迫っていた[1]。

初めてアメリカの地を踏んだサンフランシスコで、渋沢は日本人の水泳を禁じる立て看板を見て驚いた。その後、日米関係は悪化し続け、一九〇五年には日本人排斥連盟がサンフランシスコで結成され、同年、サンフランシスコ教育委員会は日本人の子供を白人と共学させることを禁止する立案を発表した。一九〇七年には紳士協定が結ばれ、日本からの移民を制限する覚書が交わされ、一九一三年にはカリフォルニア州外国人土地法が可決されたことにより、市民権獲得資格の無い日本人やアジア系の移民が土地を所有することが禁止された。そして一九二四年には「排日移民法」が制定された。アメリカにおける日本人移民の排斥は渋沢のアメリカとの関係において大きな課題であった。渋沢はこのような状況を踏まえ、アメリカの政府高官や実業家との親交は日米関係の改善に繋がるものと考えた。

前述したように渋沢の社会事業における本格的な活動は養育院の設立に始まる。一八七六年に養育院の事務長に就任したが、前年の一八七五年に第一国立銀行を設立したことを考えると、実業家としての渋沢と社会事業家としての渋沢は常に一体だったといっても過言ではない。四度の訪米とその時期の渋沢の社会事業との主なかかわりを表5・1に表した。渋沢は常に新しい社会事業に着手して、実業家としてだけでなく、社会事業家としてアメリカを観察し、大きな刺激を受けた。

一九〇二年五月一五日、渋沢は外務大臣小村寿太郎をはじめ、多くの財界人を含めた一五〇〇人に見送られ、新橋から横浜に向かい、欧米周遊に出発した。その二週間後、東洋汽船所属のアメリカ丸で五月三〇日、ハワイ経由でサンフランシスコに到着した。二日後、市内でストロウ・ハイツ（Sutro Heights）という巨大な公共施設を訪れた。博物館や自然公園、クリフ・ハウスというレストラン、そして一度に一万人を収容できるそれぞれ温度の異なる七つの海水プールの施設が市民の娯楽と健康のために設営されていたが、渋沢はこれがストロウ（Adolf Sutro,

表５．１　訪米時における社会事業活動

訪米年度と年齢	1902（62歳）	1909（69歳）	1915（75歳）	1921（81歳）
渡米の主要目的	欧米視察旅行	渡米実業団	パナマ太平洋万国博覧会	ワシントン軍縮会議
日本における社会事業活動（代表的なもの）	商法講習所（一橋大学）（1875） 養育院院長（1896） 福田会（1876） 日本赤十字社（1877） 慈恵病院（1887） 東京感化院（1890） 東京女学館（1888） 日本女子大学校設立趣意書発表（1896） 聖路加病院（1902） 日本女子大学校創立（1901）	東京慈恵会（1907） 中央慈善協会（1908） 癌研協会（1908） 浅草寺救護所（1910） 恩賜財団済生会（1911）	帰一協会（1912） 世界日曜学校大会後援会（1913） 財団法人理化学研究所（1916） 東京府慈善協会（1917）	東京臨時救済会（1918） 滝乃川学園（1920） 世界日曜学校大会（1920）

（出所）大谷まこと『渋沢栄一の福祉思想——英国との対比からその特質を探る』（ミネルヴァ書房，2011年）416〜419頁，公益財団法人渋沢栄一記念財団「渋沢栄一関連会社名・団体名変遷図」（https://eiichi.shibusawa.or.jp/namechangecharts/）（二〇二四年九月一〇日最終閲覧）。

1830-1898）という一人の資産家によって設営されたことに驚いた。ドイツ生まれのユダヤ系のストロウは銀山の開発で財を成し、後にサンフランシスコの市長を務め、サンフランシスコの北方にある未開発の土地、二〇エーカー（八万平方メートル　二四〇〇坪）を市民のために購入し、既存の鉄道の半額でアクセスできるよう、蒸気列車の開発を支援した。(2) さらに渋沢は、カリフォルニア州知事で大陸横断鉄道のセントラル・パシフィック鉄道の創立者リーランド・スタンフォード（Leland Stanford, 1824-1893）と妻のジェーンが腸チフスで亡くなった息子を偲んで財産八〇〇〇万ドルを投じてサンフランシスコ郊外にスタンフォード大学を設立したことを知った。「米人が巨大の資産を惜まず、公衆のために寄付するは各地到る所に其美挙を見るべし」と帰国後に報告しているが、最初にこれを体験したのが、サンフランシスコだった（『伝記資料』二五巻、一五二頁）。

アメリカに着いた二日後にサンフランシスコを出発し、シエラネバダ山脈を越え、ネバダ州の砂漠を横断し、ユタ州ソルトレークシティをへて五日後にシカゴに到着した。西部諸州の風景は渋沢にアメリカの国土の大きさを痛感させた。シカゴでは機械化された屠殺場を見学し、一時間に二五〇頭の牛、七五〇頭の豚が殺されていく有様には「一見戦慄を覚え」、動物たちの肉が、缶詰になって出てくる有様には圧倒される思いであったようである（『伝記資料』二五巻、一一四頁）。シカゴからはピッツバーグにまわり、カーネギー製鉄会社の主力工場を見学した。

フィラデルフィアでは大富豪スティーブン・ジラード（Stephen Girard, 1750-1831）の遺産によって設立されたジラード・カレッジを訪問した。当時アメリカでは最大の寄付資産だった七五〇万ドルを投じて設立された孤児のための実業教育の学校は四〇エーカー（四八〇〇坪）の敷地に教室、実験室、寄宿舎、工作場など立派な建物がならび、生徒一六〇〇人、職員四〇〇人、計二〇〇〇人が自立社会をつくっていた。養育院でも児童とよく話をした渋沢は、ジラード・カレッジで一六〇〇人のアメリカの孤児の前で、「校長先生はじめ、皆様のご好意により実業教育の発展を拝見し、改めてアメリカの物質的進歩は偶然の結果ではなかったことを知り、感動している」と述べている（『伝記資料』二五巻、一五一頁）。

同じ日にブリンマー女子大学を視察し、ロックフェラー家が二五万ドルを寄付して新築した校舎を見学した。生涯にわたり二七の女子教育機関とかかわり、東京女学館の設立のために伊藤博文の説得で女子教育奨励会を立ち上げ、日本女子大学創立委員会の財務を担当した渋沢は再びアメリカ人の富のスケールと寛大さに感銘を受けた[3]（『伝記資料』五八巻「事業別年譜」六〇頁）。最初の訪米で渋沢が体験したのは①米国の自然資源、②生活の豊かさ、③経済発展と国力のスケールの大きさ、そして④巨大なスケールで富が再分配されていることへの驚きだった。特に社会の助力を受けて富を増している富裕層が、社会で報われない人々にその富を還元するのが当然の義務と考えていた渋沢にとって、アメリカの実業家が巨額の富を社会に還元している様子に感銘を受けた。

三　プログレッシブ（革新主義）時代のアメリカ——フィランソロピーが果たした重要な役割

渋沢が訪れた一九〇二年から一九二一年の約二〇年、アメリカは過去に経験したことのない経済成長を遂げ、世界一の産業国という地位を保持していた。経済発展に伴う富の増大は著しく一八九二年には四〇〇〇人弱だった百万長者が一五年で一〇倍の四万人に増大した。そのうちの二人、ロックフェラー（John D. Rockefeller, 1839-1937）とフォード（Henry Ford, 1963-1947）は億万長者であった。そして、これに伴いアメリカの八パーセントの家族が国の四分の三の資産を支配するという貧富の格差も問題視されるようになっていた。(4)

一八五〇年から一九〇〇年のあいだに移民の増大で人口が二三〇〇万人から八〇〇〇万人に膨張した一方でその間にいくつかの景気後退、大恐慌、南北戦争後の南部の経済破綻などによる多くの深刻な社会問題が顕著になっていた。産業化に伴い、大都市への大量の移民によって生活困窮者が増大し、スラムが拡大した。移民の玄関口だったニューヨークのローワーイーストサイド地区は地球上一番人口密度が高いといわれるほどに貧困層の人々が密集し、不潔で老朽化した集合住宅は衛生環境が悪く、チフスやコレラが多発し乳幼児死亡率は五人に一人だった。(5) 社会事業家たちはこのような状況に対応すべく、国家規模の問題を解決しようとし、政治、経済、公共教育、医療、産業、労働分野で改革を導入した。また、二〇世紀初頭のこの時代に政権を握ったセオドア・ルーズベルト（Theodor Roosevelt, 1858-1919）大統領は独占禁止法や社会改善の政策を数々打ち出した。

（1）ソーシャルワークの萌芽期

プログレッシブ時代（革新主義時代、一八九〇～一九二〇年）はアメリカでソーシャルワークが専門職として発展した時期でもある。慈善組織協会のメアリー・リッチモンド（Mary Richmond, 1861-1928）とセツルメントハウス運動を確立したジェーン・アダムズ（Jane Addams, 1860-1935）の二人の女性によってソーシャルワークの専門分野が確立され、貧困層の人々を助ける手だてとして二つの異なった実践論が展開された。慈善事業組織の指導者たちは生活困窮者の自立を助け、限られた資源を有効に分配するために個人と家族のニーズや彼らの環境を把握するための方法論を編み出した。一九一七年にはリッチモンド（Mary Richmond）の『社会診断』（Social Diagnosis）が出版され、ソーシャルワークの実践方法が正式に紹介された。効果的に人を援助するためには個人を状況の中で全体的に捉える必要性が強調され、①援助対象者の問題と家族関係や生活圏における人的・物質的資源の情報を収集し、②それらを注意深く相互関連させて分析し、③援助対象者の問題に関与している諸要因の見取り図（診断）を基本に問題解決の方向性を見出す方法論が提示された。これは現在のケースワークの基礎である。

一方、セツルメントはイギリスで一九世紀後半にオクスフォードの学生たちが貧困層の人たちとともに住み、生活を改善する試みによって始められ、一八八四年にトインビーホールというセツルメントハウスが設立された。学生や有識者が生活困窮者と居住をともにし、住民の生活の状況を改善すべく社会調査と社会改革、労働組合、消費者連合の設立などに貢献したセツルメントハウスは国際的な運動となり、世界各国に広まった。アメリカではイギリスでセツルメントを学んだジェーン・アダムズがシカゴでハル・ハウスを一八八九年に設立し、移民の生活支援が重要な事業として取り上げられた。また、労働法の推進や地域改革に非常な努力がなされ、現在ケースワークと並んでアメリカのソーシャルワークの礎であるコミュニティーワーク、社会計画、そして社会活動の実践がここから発展した(6)。

日本でも岡山博愛会館やキングスレー館などのセツルメントがキリスト教の団体によって設立され、養育院でも一九一八年にアメリカ人の宣教師で医師のジョン・C・ベリー（John Cutter Berry, 1847-1936）がセツルメントを効果的な「貧民同化事業」として紹介している（『伝記資料』三九巻、一六五頁）。また、関東大震災直後に帝国大学セツルメントが設立されたが、その中心人物の一人が渋沢の長女歌子の息子で法律学者の穂積重遠だった。幼い頃から渋沢の養育院での活動を見ながら育ち、イギリス留学中にセツルメントを訪問した穂積は、被災者に法律相談や講義を提供した。[7] 当時の富裕層や後述するファウンデーション（財団）は慈善組織協会とセツルメントに多額の助成をした。たとえば、前述したメアリー・リッチモンドはラッセル・セージ財団の慈善部の部長という立場から多くの業績を残し、ロックフェラーはじめ、後述する渋沢と親交のあった三人の実業家も全員セツルメントハウスの設立と運営に関与した。

(2) アメリカのフィランソロピーの特徴

バダチャー（Katherine Badertscher）とバーリンゲイム（Dwight Burlingame）が本書の第四章で指摘しているようにアメリカではフィランソロピーに関する統一された定義はない。フィランソロピーが社会学者、経済学者、政治学者、歴史学者によってさまざまに定義づけられているため、アメリカ固有のフィランソロピーが存在するかどうかも同意がない。アクスとフィリップス（Acs & Phillips）はフィランソロピーの解釈が広範囲にわたることを踏まえ、資本主義の発展におけるフィランソロピーの役割について考察している。彼らはアメリカの資本主義の発展には日本、フランス、ドイツとスカンジナビア諸国と異なり、富の創造（起業精神）（entrepreneurship）と富の再構築（フィランソロピー）の二つの側面が歴史的に存在してきたことを指摘している。また、慈善（チャリティ）を富の再分配、フィランソロピーを機会を創るために富を投資することとして捉え、アメリカの経済的、政治的、社会的安定と経済発展にフィランソロピーが重要な役割を果たしてきたことを示している。[8]

渋沢の渡米時はアメリカのフィランソロピーの基礎を固めたファウンデーションの創設期とも重なる。富裕層は

「知識の創造（knowledge creation）」と起業精神を基本とした財団をビジネスのように運営することによって国の経済的繁栄を拡大し、数々の社会問題を解決しようとした。一九〇七年にはラッセル・セージ財団、四年後にカーネギー財団、六年後にロックフェラー財団、その翌年にコモンウェルス・ファンドが設立された。アンドリュー・カーネギー（Andrew Carnegie, 1837-1919）やロックフェラーのようにもっとも成功を収めた企業界のリーダーは慈善寄付を前代未聞のスケールでおこない、一九一五年には二七あった財団が一九三〇年までに二〇〇に増大し、これらの財団は教育、文化、科学、公衆衛生の分野にアメリカだけでなく世界中に影響を及ぼした。[9]

アメリカでは慈善活動もフィランソロピーもある限度を超えた富は社会に還元するべきだという暗黙の社会契約（implicit social contract）を基本としている。[10] 同時に富をどのように還元するか、その背景にある意図が問題視されることもある。たとえば、奴隷制度廃止を訴えていた北部のフィランソロピストたちは南北戦争後、南部の改革に関心を示し、私財を投資した。南部の農業の発展だけでなく、奴隷制度のために識字率が五パーセントに満たない黒人のために多くの学校を設立した。バプテスト派の敬虔なキリスト教徒で奴隷制度廃止論者であったロックフェラーは南部の改革のために家族とともに一億八千万ドルを寄付した。ロックフェラーらが立ち上げた「一般教育委員会（General Education Boar）」は、主に高等教育や医学部の支援、南部の農法の近代化と寄生虫の鉤虫の撲滅に貢献した。[11] しかし、北部のフィランソロピストたちは南部の根底にある人種差別の構造そのものに挑戦せず、安価な労働力を増大するために南部で社会事業を展開したという批判もある。[12] ここには起業家たちによる大規模なフィランソロピー活動と彼らが代表する産業の利益を完全に分けることができる否かという重要な問いかけが垣間見られる。

四　渋沢とフィランソロピストの親交

一九〇二年、渋沢はワシントンでセオドア・ルーズベルト大統領に会見したのち、ニューヨークに向かった。ルーズベルトは渋沢をニューヨーク商業会議所会頭モリース・ジェサップ（Morris K. Jesup, 1900-1959）に紹介し、ジェサップを通してナショナル・シティ・バンク・オブ・ニューヨーク（National City Bank of New York）（以下ナショナル・シティ銀行）頭取のジェームズ・スティルマン（James Stillman, 1850-1918）、同じく副頭取のフランク・ヴァンダリップ（Frank Vanderlip, 1864-1937）、鉄道王のエドワード・ヘンリー・ハリマン（Edward H. Harriman, 1848-1909）、投資銀行家のジェイコブ・シフ（Jacob Henry Schiff, 1847-1920）などアメリカ財界の中心人物多数との知己を得た。当時の実業家の多くは渋沢と同様、社会事業家でもあった。

たとえば、銀行家として手腕を振るったジェサップは東欧からの移民に技術を教えるセツルメントの施設の設立に携わり、その代表を務めた。また、科学研究のパトロンとしてもっともよく知られ、ロバート・ピアリー（Robert Peary）の北極探検に資金を提供した。ハーバード大学はじめ、多くの大学に多大な寄付をし、ロックフェラーとともに南部の教育機関を支援する「一般教育委員会」の立ち上げに貢献し、委員を務めた。さらにアメリカ自然史博物館の総裁として、ニューヨークの州立公園の保護に尽力した。[13]「アメリカには仁を心とする実業家が多い」と渋沢はよく述べたが、[14]このような「仁」の心を持つ人々と関係を保つことが日米関係の維持と発展に必要であると考えた。ここでは渋沢と親交のあったバックグラウンドの異なる三人の社会事業家とその活動の背景について考察する。渋沢の社会活動の根底には「強烈な平等意識と反官尊民卑意識」があったことが指摘されているが、[15]ここで紹介するのは渋沢と同様、平等意識と虐げられている者への共感が強かった人々である。

(1) ジェイコブ・シフ――ユダヤ教とフィランソロピー

アメリカのフィランソロピーの礎としてキリスト教の博愛主義が強調されることが多い。しかし、ユダヤ系のフィランソロピーも欧米で重要な役割を担ってきた。ここでは渋沢と交流のあったジェイコブ・ヘンリー・シフ(Jacob Henry Schiff, 1847-1920)について述べる。J・P・モルガン(James Pierpont Morgan, 1837-1913)に続く第二に有力な投資銀行家だったシフは日本では高橋是清の求めに応じて日露戦争のために戦時国債を購入し、資金援助を提供したことでよく知られている。

シフは一九〇二年にニューヨークで開催された渋沢の歓迎会に出席し、一九〇九年に渋沢と渡米実業団を接待し、一九一五年にも渋沢と面会している(『伝記資料』二五巻、一八二頁、三二巻、二五九頁・三三巻、五二頁)。一九〇六年、勲一等旭日大綬賞を授与した際に来日し、渋沢もシフを歓迎する多くの催しに参加し、飛鳥山の自宅でも接待している。来日時に養育院に寄付をしたシフは(『伝記資料』二五巻、六七四頁)、飛鳥山で渋沢に庭園を案内してもらい、「装飾の趣味がとてもよい」建物での昼食会に続いて伝統的な演芸を楽しんだと「滞日日記」に綴っている。[16] 一九一七年から一九一八年にかけ、ロシア革命に伴う内戦の脅威から一七〇〇人のユダヤ人難民が横浜に逃れた際、シフはヘブライ移民援護協会を通して渋沢に支援を依頼し、渋沢はシフに「私の力の及ぶ限り、どんな援助でも惜しまない」と約束の書簡を送っている。[17]

シフはドイツのフランクフルトで生まれ、一八歳のときにアメリカに移住した。幼い頃から正統なユダヤ慣習を守り、それが彼の哲学の基礎となり、行動を決定する重要な要素となっていた。無一文でアメリカに移住したシフは若い頃から銀行家としての才能が認められ、三七歳という若さで金融財閥クーン・ロープの指導者となった。シフは若い頃から収入の一〇パーセントを慈善事業に寄付する「一〇分の一」を実践し、「富める者は、親切な摂理によって与えられた大きな富によって、同胞が利益を得られるようにする義務がある」と信じていた。[18]

ニューヨークではロシアのポグロム（ユダヤ人迫害）を逃れるために一八八一年から一九二四年のあいだに二五〇万人のユダヤ人がアメリカに避難した。アメリカにはヨーロッパやロシアのようにユダヤ人に対する迫害はなかったが、ユダヤ人に対する偏見が蔓延し、教育、医療、社会福祉機関はユダヤ人を受け入れないところが多かった。このような状況下で東欧の移民の救済にあたったのがシフのようにすでにアメリカで安定した生活を送っているドイツ系ユダヤ人であった。一九〇五年までに一二〇〇以上の社会事業団体が設立されが、シフはユダヤ人社会の指導者として、ほぼすべての主要なユダヤ系の医療、教育、福祉組織、労働組合を支援した。ヘブライ・ユニオン・カレッジ、ニューヨーク公立図書館のユダヤ人部門、アメリカ・ユダヤ委員会に寄付し、ヤングメンズ・ヘブライ協会の建物、ユダヤ神学校などに私財を投じた。また、ヘンリー・ストリート・セツルメントという今でもニューヨークで運営されているセツルメントの設立と運営に関与し、モンテフィオール病院の創立に努め、その会長として三五年間、管理業務にあたった。シフの支援を受けた組織は超大な量で、コーエンの伝記では四〇ページに及ぶ(19)。

ユダヤ人に対する差別は移民だけでなく、ユダヤ人全般に見られた。社交クラブ、リゾートやホテル、病院、法律事務所などもユダヤ人の雇用を制限した。シフ自身もアングロサクソン系の白人と同等の市民権を得ることはできなかった。アメリカ自然史博物館、メトロポリタン美術館、コロンビア大学などにもシフは多額の寄付をしたが、いくら影響力を駆使してもコロンビア大学やメトロポリタン美術館など名門の組織の理事に指名されることはなかった。

ユダヤ教では、慈善をツェダカ（zedakah）という言葉で表現するが、その語源は「正義」を意味し、慈善は社会正義につながる正しい行動として理解されている。ツェダカを「全ての人間に対する正義」として理解していたシフは、フィランソロピーがアメリカのユダヤ人を守るための武器とすることができることをよく知っていた(20)。モンテフィオーレ病院やヘンリー・ストリート・セツルメントなど、自らが管理する施設においてすべての宗教の人を受け入れることによってユダヤ人の美徳が高く評価され、差別や排斥を改善できると考えていた。(21)

シフは、また黒人に対する人種差別に心を痛め、黒人の教育機関のタスキージー研究所に多大な寄付をした。黒人が不当に扱われる限り、「その問題は私たちを苦しめ、私たちを恥ずかしくさせるために戻ってくる」ことを予測し、自らウィルソン大統領（Woodrow Wilson, 1856-1924）に官公庁における人種差別（カラーライン）の撤廃を求めた。(22) 黒人の苦境に共感したユダヤ人はシフだけでない。何世紀にもわたり人種・民族的偏見による差別や迫害を経験したユダヤ人にとって黒人の立場は身近なもので、多くのユダヤ人が黒人のために努力した。ユダヤ系の社会事業家の多くは全米有色人地位向上協会（ＮＡＡＣＰ）を黒人とともに立ち上げた。協会設立の会議はシフが支援したヘンリー・ストリート・セツルメントで開かれ、シフもその創立者の一人として名前を連ねた。(23) 本書第四章でバダチャーとバーリンゲイムは、ローゼンウォルド（Julius Rosenwald）を渋沢ともっとも近い立場をとっていたアメリカのフィランソロピストとして紹介しているが、彼もユダヤ人であった。シフとも親しかったローゼンウォルドは南部の黒人のために五〇〇〇以上の学校を設立し、シフと同じようにＮＡＡＣＰを支援し、アメリカとロシアに在住しているユダヤ人のために経済的援助を提供した。(24)

シフはカリフォルニア州の排日措置にも反対し、一九〇八年にアメリカの財界や教育界のリーダー四〇人と日本政府関係者を招き、高まる反日感情の緩和を図った。また、一九一三年、日本人の土地所有や賃貸を禁止する外国人土地法がカリフォルニア州で制定された時も反対意見を公に表明した。(25)

（2）ヘンリー・ハインツ――福音主義とフィランソロピー

ヘンリー・ハインツ（Henry J. Heinz, 1844-1919）はペンシルバニア州のピッツバーグで生まれ、アンドリュー・

カーネギー、ジョージ・ウェスティングハウス（George Westinghouse, 1846-1914）、ヘンリー・クレイ・フリック（Henry Clay Frick, 1849-1919）、アンドリュー・メロン（Andrew Mellon, 1855-1937）と並ぶピッツバーグの大企業家であった。ドイツ人移民の息子として生まれたハインツは、敬虔なクリスチャンで若い頃、両親は彼が牧師になることを希望していたが、トマトケチャップをはじめ、六〇以上の食品を開発し、年間六〇〇〇万の缶詰と瓶詰を生産するH・J・ハインツ会社を設立した。倫理観が強かったハインツは食品の衛生基準を重視し、純良食品・薬品法制定のためにワシントンに行き、ルーズベルト大統領にその重要性を説得した。[26]

ハインツはピッツバーグ大学に現在の額で四〇〇万ドル相当の寄付をし、亡き妻の名前をとってサラ・ハインツ・ハウスという移民のためのセツルメントハウスを設立した。また、ピッツバーグのイーストエンド地域の開発には渡米実業団が宿泊した高級ホテルのシェンリー・ホテルを含め、同じ地元の大企業家カーネギー、ウェスティングハウス、メロンと一緒にかかわった。

スコットランド系のアメリカ人から差別を受けてきたドイツ移民を親に持つハインツは移民に対して共感的だった。従業員の福利厚生に力を入れ、無料の医療、娯楽施設、体育館やプール、庭、図書館、コンサートや短大教育の機会を提供したが、移民の従業員とその家族には英語と市民権獲得のためのクラスを提供した。また、女性には裁縫や料理のクラスの他に、大学の授業料を払い、卒業した女性たちに管理職を与えた。「可能な限りすべての従業員の福祉と幸福を確保すること」を企業の理念とし、利益の拡大よりもより良い企業を作り上げること、より良い製品を作り、その過程でより良い人々を作ることがハインツのポリシーであった。自分の子どもには金銭的援助はせず、「企業は自分の家族のために経営しているのではなく、商品を作り、販売している人のためにある」と考えた。[27]

ハインツは一九〇二年にビジネスの拡大と日曜学校を広めるために来日したが、自社の食品は和食には合わないと察知し、代わりに日曜学校の拡大に投資した。当時の日曜学校はアメリカだけでも会員数は一四〇〇万人、国外は七〇〇万人であったが、ハインツは日本で日曜学校協会の設立を支援し、協会長の給料を三年間、負担した。渋沢は一九〇九年の「渡米実業団」でハインツの缶詰工場を視察し、ハインツが一九一三年に日曜学校の発展を促すために再び来日したときに面会した。さらに一九一五年、パナマ太平洋万国博覧会で訪米した折には、五年後に東京で開催される世界日曜学校大会にアメリカから関係者が二〇〇〇人も来日すれば宿舎が不足し、適切な接待ができないことをハインツに伝えるよう日本の日曜学校協会から依頼を受け、ハインツと再会した。

渋沢はハインツとの出会いについて、趣味で日曜学校をやっているかと思っていたが、話をしているうちに「誠心誠意にして宗教上神に仕える」身内として活動しているのを見て感動し、アメリカの実業家たちがこのような深い信念を持って活動していることがアメリカの富の力の源となっていることを知ったと述べている（渋沢「竜門社員の歓迎会に於て」（『竜門雑誌』三三五号、一九一六年（『伝記資料』三三巻、九五頁））。宗教についてハインツと語り合った渋沢は、自分を修め、その結果として国民を幸せにし、そして、「身を立て、道を行い、名を後世にあげる」孔子の教えをハインツに伝えた。するとハインツは驚き、「あなたがそんなことを論ずる人とは思わなかった」と言い、それに対し渋沢は「そんなことはない、日本はアメリカ人は利益だけを追求してそのような精神的なことは考えないと思っていた」といって笑い合い、意気投合した（『伝記資料』三三巻、九四～九五頁）。

「もしここに二つの仕事があって一つは自分の儲けとなり、一つは公共の利益になるのであるとすれば、まず公共の仕事を優先したくなるのが自分の性質である」と述べている渋沢にとって、企業の利益よりも職員の福利を重視したハインツは身近な人として感じられた。文化と言葉の違いを超え、ハインツのようなアメリカ人と心が通じ合うことができたのは渋沢の社会事業に対する信念によるものである。(28)

ハインツは惜しくも一九二〇年の日曜学校大会の一年前に他界し、渋沢と日本で再会することはできなかった。

一九二一年、ワシントン海軍軍縮会議のために訪米した際、ハインツの息子のハワード・ハインツ（Howard Heinz）がニューヨークに渋沢を迎えに行き、渋沢はハインツ家に二泊した。ハインツの墓参りをし、また、ハインツの寄付した美術品を展示した美術館を訪れ、息子たちとは思い出話に花を咲かせた。関東大震災の際、渋沢の援助の依頼に応え、ハインツの息子は即座に日本に三万五〇〇〇個のベークド・ビーンズ（インゲン豆の煮物）の缶詰を送った（『伝記資料』四〇巻、二五三〜二五四頁）。

（3）ナルシッサ・ヴァンダリップ――女性とフィランソロピー

私は多少アメリカの家庭に入つてその様子を見ましたが、彼れと我国とは、社会一体の組織が違ひますゆえ同じに論じるわけにはまゐりませぬが、家庭の育しみ、親子の関係、またその間に相当な智識を持つて子供を育てる様子を見ますと、何となく我が国の婦人も、どうかあゝあり度いと思ふ気がいたすのであります（『伝記資料』四四巻、六六六頁）。

渋沢が一九二六年、日本女子大学の卒業式で述べた言葉である。卒業生にアメリカ人女性のようにあって欲しい理由として、渋沢はアメリカの女性は人格や才能に加えて家庭に対する配慮が深く、同時に国の将来に対しても優れた意識を持っていると述べている。挨拶では親交のあったルーズベルトやカーネギーの妻たちを名指しているが、ここでは渋沢の言葉通り、才能に溢れ、家族に尽くし、女性と子どもの生活を改善するために国家政策にも積極にかかわったナルシッサ・ヴァンダリップ（Narcissa Vanderlip, 1879-1966）（以下、ナルシッサ）について述べる。

渋沢とナルシッサの関係は一九〇二年、当時ナショナル・シティ銀行の副頭取だったフランク・ヴァンダリップと知り合ったことを機にする。二人は長年にわたり、日米関係改善のための良きパートナーであった。反日感情が高まる中、渋沢は一九二〇年にアメリカからフランク・ヴァンダリップを中心とする米国東海岸のエリートの一行を日本に招き「日米有志協議会」を開催した。フランク・ヴァンダリップはこの頃、ナショナル・シティ銀行を退職し、ニューヨークの日本協会の会長を務めていた。一行は渋沢の意に沿って多くが個人の邸宅に宿泊し、ヴァンダリップ夫妻は娘とともに三田綱町の渋沢邸に滞在した。

六日間にわたる「日米有志協議会」では渋沢が座長となり、金子堅太郎とフランク・ヴァンダリップが交代で議長を務め、移民問題を始め、中国開発支援のための日米の協力、山東問題などを議論した。アメリカ側出席者には大統領の実弟でニューヨークの有力な弁護士のヘンリー・タフト（Henry Taft, 1859-1945）、ニューヨーク株式取引所副会頭のセイモア・エル・クロムウェル（Seymore L. Cromwell, 1871-1925）、コーネル大学総長ジェイコブ・G・シャーマン（Jacob G. Schurman, 1854-1943）、コダック株式会社の創立者ジョージ・イーストマン（George Eastman, 1854-1932）とその配偶者たちが含まれていた[29]。

「日米有志協議会」の努力にもかかわらず、アメリカの排日感情は悪化する一方であったが、それを抑えるべく懸命に動いたのがナルシッサだった。日米の平和を促進できるのは教育を受けた日本の女性だと確信していたナルシッサは、女子教育と国際連盟を支援する渋沢の努力を尊敬し、滞在中に渋沢に多いに影響を受けた。

ナルシッサは一八八〇年にイリノイ州クインシーで生まれ、シカゴ大学在学中からセツルメントで働き、ＹＷＣＡの会長を務めるなど若い頃から社会事業活動に携わっていた。結婚後はニューヨークに住まいを構え、六人の子供を育てながらスヴェーデンボリ新教会のセツルメントハウスを設立するなど、女性や子どもの支援事業に尽力した。渋沢も訪ねたニューヨークの郊外にあるハドソン河沿いの家は一〇〇部屋ある大邸宅で四〇〇人の客を接待することも稀ではなく、生活保護を受ける児童一万人を招待したこともあった[30]。

アメリカでは当時、多くの女性がナルシッサのように社会改善のために活躍していた。一九世紀後半に台頭した女性参政権運動はこの時期に本格化し、一九一一年にカリフォルニア州、一九一八年にニューヨーク、連邦政府では一九二〇年に女性参政権が制定された。ナルシッサも女性参政権運動の指導者の一人として活躍し、同州の女性有権者連盟の議長を務めた。また、第一次世界大戦中は同盟国の女性や子どもの状況を把握するために夫とヨーロッパを視察し、夫婦で戦争国債を購入する運動に参加した。この縁で後に大統領夫人となるエレノア・ルーズベルト（Eleanor Roosevelt, 1884-1962）と親交を深め、女性参政権に最初は反対だったエレノアもナルシッサの努力に賛同するようになった。ナルシッサはまた、女性参政権活動の仲間とともに児童労働の廃止、最低賃金・最高労働時間法、連邦教育援助、女性の完全政治参加、国際連盟加盟などの運動にも加わった[31]。

「日米有志協議会」の一行は船上でニューヨークの日本協会が推薦した本を読み、移民を含め、日本に関する勉強会を持った。女性たちはナルシッサのもとで日本の女性と子ども、結婚、家族、特に労働階級層の生活について勉強した。到着後、女性たちも毎日会議に参加した。在日中、ナルシッサは女子英学塾（のちの津田塾大学）教員と学生と親交を深め、行く先々で女性の教育が母子の生活の向上につながることを主張した。また、東京で保育園を設立したエリザベス・コールマン（Elizabeth Coleman, 1875-1932）というアメリカ人宣教師を通して、生活困窮者とその家族の施設を訪ね、セツルメントでの体験で磨いた視点で日本の社会状況を探察した[32]。

渋沢から「日米有志協議会」の招待を受けたとき、ナルシッサは女性参政権と国際連盟に反対する議員の出馬に対抗することに忙しく、日本訪問を躊躇した。しかし、日本に滞在し、渋沢と出会ってからナルシッサは新しい使命感に燃えるようになった。「日米有志協議会」に参加したヘンリー・タフトは、民間外交で排日問題を解決しようとする渋沢の希望は楽観的すぎたと述べたが、このような否定的な雰囲気の中でナルシッサはアメリカに戻ってから日本に対するアメリカ人の同情心を再燃させようと奮闘した。日本を支援する人の輪を広げるべく、さまざまなイベントを開催した。

たとえば、ニューヨークの日本協会のために六〇〇人の人を自宅に招待し、日本での体験を伝え、その良さをアピールしたが、このようなイベントでは日本で何度も聞いた渋沢の歓迎の言葉を自分の挨拶に取り入れた。渋沢と同じように日米の対立には触れず、日本の伝統的な文化の精神を強調し、日本がアメリカによって開国を促されたこと、そして日本人はすべての人と同じように世界平和を提唱していることを述べた。

ナルシッサの日米親善の努力は関東大震災によってさらに拡大し、女子英学塾の教員ハーツホン（Anna C. Hartshorne, 1860-1957）とカリフォルニア在住の津田梅子の妹、安孫子余奈子と協力し「女子英学塾臨時救済委員会（Tsuda Committee）」を立ち上げた。ナルシッサはエレノア・ルーズベルトを含め、女性参政権運動の仲間を動員し、募金目標の五〇万ドルのうち、二二万ドル近く集め、残りはスペルマン・ロックフェラー財団、カーネギー平和財団、コモンウェルス基金より募金を募り目標額に到達させた。ナルシッサはこれまでの政治運動や募金活動で培った経験を活かして災害救援のため、そして同時に日本人に対する世論を改善するための努力を惜しまなかった。一九二四年には自宅に二〇〇〇人の客を招待し、日本人による茶道や生花、柔道の実演を披露した。このイベントを取材したニューヨーク・タイムズの記者にナルシッサは排日移民法に反対する意見を伝え、また、同誌の読者欄に反日感情に対する懸念を投稿した。(33)

女子英学塾のための活動の一方で、ナルシッサは中東の女子教育のための資金集めもおこない、イスタンブール（コンスタンティノープル）女子大学の理事を務めた。ナルシッサはまた、アメリカ初の女性医学者エリザベス・ブラックウェル（Elizabeth Blackwell, 1821-1910）が貧困層の女性と子どもたちのために設立した病院（New York Infirmary for Women and Children）の会長を三七年間務めた。シフは亡くなるまでモンテフィオール病院の財政を管理し、渋沢も亡くなるまで養育院の院長を務めたが、ナルシッサも同様に八七歳で亡くなるまで病院の会長を務め、資金集めのために活躍した[34]。

女子英学塾の援助に関して、ナルシッサと渋沢は何度か手紙を送り合い、一九二八年一二月には下記の手紙を渋沢がナルシッサに宛てている（『伝記資料』四四巻、六二二頁）。

昭和三年一二月七日

ニューヨーク州スカーバロウ・オン・ハドソン

ナーシッサ・コックス・ヴァンダーリップ様

東京　渋沢栄一

拝啓、ご夫妻お揃いでお元気でお過ごしのことをお喜び申し上げます。過日、ハーツホーン女史に御託送の小包ならびにご同封のお手紙をまさに拝受致しました。また先日当方からお送り致しましたお菓子が、お気に召したかどうか心配しておりましたが、思いもよらないお褒めにあずかり、恐縮すると共に安心致しました。また之によって、かつてのご来遊の当時を思い出されたことを承り、特に嬉しく存じた次第でございます。今回頂戴した「音楽器」（オルゴールと推測——引用者注）は、まことに精巧優美の品で、家内共ども日夜鑑賞致しております。お気遣いの程厚く御礼申し上げます。家内からもくれぐれもお礼を、と申しております。我が国の女子教育に深いご興味をもたれ、今回も女子英学塾（津田塾大学——引用者注）復興建築資金募集に関して、容易ならざるご尽力を賜り、多大の効果を上げました由、ハーツホーン女史より承り、ご厚情に心から感謝しております。私自身は同校とは直接の関係はありませんが、日本女子大学、東京女学館等の経営には平素から微力を尽くしておりますので、今回のご尽力に対しても、特に感謝を申し上げる次第でございます。一九二〇年の米賓歓迎会に、あなた様のような有力なる友人のご参加を得ましたことを、今も記憶し嬉しく思っている次第であります。
家内は数年前、ちょっとの不注意から腰部の骨折を起こし、長く起居不自由で困っておりましたが、幸い治療の効果が上がり、本年初秋頃から、屋内の歩行が出来るまでに回復致しましたので、他事ながらご放念頂きたいと存じます。
右、御礼方々ご挨拶まで申し上げます。

海外の人々とのこのように心のこもった文通や交流の記録は渋沢の伝記資料に数多く残されており、国籍や人種、性別を問わず、渋沢が一度でも会った人々をどれだけ大切に思い、気持ちを伝えたかを物語っている。そして、手紙を受け取った相手は、日本の良識や信念を代表するものとして渋沢の願いに対してはできるだけの協力を惜しまなかった。それが渋沢の社会事業家としての基盤であり、明治以来の日本の対外関係の中でもっとも貴重な資産として没後九〇年を経てなお広く評価されつづけている。

註

（1）渋沢雅英『復刻版 太平洋にかける橋――渋沢栄一の生涯』（不二出版、二〇一七年）五三頁。
（2）James Delgado, Denise Bradley, Paul M. Scolari, Stephen A. Haller, National Park Service "The History and Significance of the Adolph Sutro Historic District: Excerpts from the National Register of Historic Places Nomination Form prepared in 2000" (https://www.nps.gov/goga/learn/historyculture/upload/sutro_history.pdf.)（参照二〇二四年九月一〇日）。
（3）本シリーズ『社会を支える「民」の育成と渋沢栄一』所収、井川克彦「日本女子大学校の寄付金募集と総合大学設立運動」を参照。
（4）Olivier Zunz, *Philanthropy in America: A history*, (Princeton, NJ; Princeton University Press, 2012) p.8.

（5）野村達郎『ユダヤ移民のニューヨーク――移民の生活と労働の世界』（山川出版社、一九九五年）二〇頁。

（6）渋沢田鶴子・清水レイ「アメリカにおけるソーシャルワークとその担い手たち」（後藤玲子・新川敏光編『世界の社会福祉』、旬報社、二〇一九年）八五～八七頁。

（7）音田正臣「わが国セツルメント事業の回顧と展望」（『社會問題研究』八巻二号、一九五八年五月）五～一一頁。大村敦志『穂積重遠』（ミネルヴァ書房、二〇一三年）九八～一〇二頁。

（8）Zoltan J. Acs and Ronnie Phillips, "Entrepreneurship and philanthropy in American capitalism", *Small Business Economics*, vol.19 (November 2002), pp 189-205.

（9）網倉章一郎「米国のファウンデーションの起源に関する一考察」（『城西国際大学紀要』一八巻一号、二〇一〇年三月）一一～三七頁。

（10）Zoltan J. Acs and Ronnie Phillips, op.cit., p.189.

（11）鮫島直人「ロックフェラー家のフィランソロピーとバプティスト教会」（『経済学論叢』六四巻二号、二〇一二年）二四一～二四四頁。

（12）Eric Anderson, Alfred A. Moss, *Dangerous Donations: Northern Philanthropy and Southern Black Education, 1902-1930*, (Missouri; University of Missouri Press, 1999).

（13）William Adams Brown, *Morris Ketchum Jesup A character sketch*, (New York; Charles Scribner's Sons, 1910).

（14）前掲、渋沢『復刻版 太平洋にかける橋』七八頁。

（15）大谷まこと『渋沢栄一の福祉思想――英国との対比からその特質を探る』（ミネルヴァ書房、二〇一一年）五頁。

（16）田畑則重『日露戦争に投資した男――ユダヤ人銀行家の日記』（新潮社、二〇〇五年）一三〇～一三一頁。

（17）Mina Muraoka, "Jacob H. Schiff and Japan: The Continued Friendship after the Russo-Japanese War"（『防衛大学紀要』一八号、二〇一六年九月）五三頁。

（18）Adam Gower, "Jacob Schiff and the Art of Risk: American Financing of Japan's War with Russia (1904-1905)", *Palgrave Studies in the History of Finance*, D'Maris Coffman, Tony K. Moore, Martin Allen, Sophus Reinert, eds., (London: Palgrave Macmillan, 2018).

（19）Adam Gower, ibid., p.83.

（20）Naomi W. Cohen, *Jacob Schiff: A Study in American Jewish Leadership*, (Hanover, NH: Brandeis University Press, 1999) p.59.

(21) Adam Gower, op.cit., p.84.

(22) Adam Gower, ibid., p.84.

(23) Snyder-Grenier, Ellen M, *The House on Henry Street: The Enduring Life of a Lower East Side Settlement,* (New York; New York University Press, 2020). William Stueck, "Progressivism and the Negro: White Liberals and the Early NAACP", *The Historian*, Vol.38 No.1, (September 2002), pp.58-76.

(24) Peter M. Ascoli, *Julius Rosenwald: The man who built Sears, Roebuck and advanced the cause of Black education in the American South,* (Bloomington··Indiana University Press, 2006).

(25) Mina Muraoka, op.cit., p.43.

(26) Quentin R. Skrabec Jr., *H.J. Heinz: A Biography,* (North Carolina; McFarland & Company, Inc. Publishers, 2009).

(27) Steve Lentz, *It was never about the ketchup! The life and leadership secrets of H.J. Heinz,* (New York; Morgan James Publishing, 2007) .

(28) 前掲、大谷『渋沢栄一の福祉思想』三三九頁。

(29) 前掲、渋沢『復刻版 太平洋にかける橋』三三九〜三五四頁。

(30) Linda L. Johnson, "Plum blossom fêteand Japanese lantern balls: Narcissa Cox Vanderlip and the 1920 US-Japan cultural exchange", *New York History* vol.99 No.3/4, (Summer/Fall,2018), p.409.

(31) Hilda R. Watrous, *Narcissa Cox Vanderlip: Chairman, New York State League of Women Voters,* (New York; Foundation for Citizen Education, 1982).

(32) Linda L. Johnson, op.cit., pp.412-414.

(33) Linda L. Johnson, ibid., p.433.

(34) Hilda R. Watrous, op.cit., p.63.

第Ⅲ部　近代日本における先駆的な福祉実践

――前近代からの継承と模索――

第六章　渋沢栄一と慈善・社会事業

――真の公益とは――

山本　浩史

一　慈善・社会事業における背景と道徳観

（1）篤志家とのかかわり

日本の明治期における救貧法は一八七四年発布の恤救規則《じゅっきゅうきそく》であった。ただし、恤救規則による救済の基本は、人民相互の情誼によるものであり、国家が救済する対象者は「無告の窮民」に限定された、極めて消極的な救貧策であった。渋沢も恤救規則による救助の範囲は極く狭小であると表現している（渋沢「慈善救済事業に就いて」（『竜門雑誌』二六三号、一九一〇年（『伝記資料』三〇巻、四二二頁）））。このことから、明治期、大正期における生活困窮者などへの支援は、篤志家による慈善事業が大きな役割を担った。たとえば、石井十次（一八六五～一九一四）による岡山孤児院や石井亮一（一八六七～一九三七）による滝乃川学園、留岡幸助（一八六四～一九三四）による家庭学校などである。このような慈善事業には、皇室からの下賜金が贈られることもあったが、その経営は篤志家らの努力によるものであり、経営的基盤は脆弱なものであった。

渋沢自身も東京養育院の院長であったが、元首相であった清浦奎吾（一八五〇～一九四二）は、渋沢を追悼する演説で、渋沢が自費を投じ、有志を説いて寄付金を集め養育院の整備拡充を図り、また頻繁に養育院に足を運び入所者に接していた姿を伝えている。(1) 渋沢はこのように慈善事業に大きな関心を持ち、篤志家らとも深くかかわった。その一つとして、渋沢と石井十次との関係を見る。

まず一八九九年五月一一日、院児による音楽幻灯隊を率いて上京した石井は、現在の更生保護事業の先駆者であり、後に中央慈善協会にも関与する原胤昭（一八五三～一九四二）とともに渋沢邸を訪ねている。(2) 渋沢の日記には、「○上略　午後四時兜町に帰宿す、石井十次・原胤昭氏等来る、岡山孤児院の為幻灯会を開く、来会者数十名、石井氏孤児を以て組織せし楽隊を引連れ来り、幻灯中孤児院の経歴を説話す、夜一一時散会す」（渋沢「渋沢栄一日記」一八九九年五月一一日〔『伝記資料』二四巻、二七〇～二八八頁〕）と記されている。さらに五月二三日にも、石井が留岡とともに渋沢を訪ねており、石井の日誌には、渋沢より寄付金一〇〇円が寄せられたことが記されている。(3)

その石井は渋沢をどう見ていたのだろうか。その後もいく度か石井は養育院を訪れているが、一九〇六年一一月二三日の日誌には、東京市長がもし養育院を託してくれたならば、現在の費用で活きた人間をつくることができるなどといった記述が見られ、(4) 養育院に対する批判的な思いが読み取れる。その背景には、石井自身の「いまの群居的孤児院が根本的に誤れることを悟り苦痛に堪えず(5)」といった反省ともいうべき思いがあり、今でいうホームレスの収容目的で設立された養育院の姿を見るに堪えがたく、その運営に対して否定的な思いがあったのかもしれない。しかし、一方で清浦は、渋沢が養育院において老人と子どもを同一の場所で世話をすることが、子どもの養育上、好ましくないために分離したこと、また重症患者を切り離して、特に病院をつくったこと、あるいは、身体の虚弱な子どものために、現在の千葉県館山市舟形町に分院を設け、その保育に充て、不良の傾向のある少年については、感化部を設けるなど、事業経営において工夫をしていた姿を伝えている。(6) 分院の設立が一九〇九年であることを考えれば、それ以前の十分な配慮が行き届いていなかった養育院の姿に石井は嫌悪感を抱いていたのではないだろうか。

（2）明治・大正期の社会情勢と渋沢の道徳観

一八九四年に日清戦争が、一九〇四年に日露戦争が勃発した。特に日清戦争後には工業化が進み、これに伴い都市部に人口が集中し、貧民層による下層社会が生まれた。また日露戦争後、農村では凶作に見舞われ、社会全体では経済恐慌により失業者が増加し、物価も高騰するなどし、工場労働者によるストライキも多発した。また一九一二年五月には、政府が社会主義者を弾圧した大逆事件が起こった。渋沢は同じ頃、家族、隣保相扶の美風にのみに頼ってはいられない時代の到来を予測している（前掲、『竜門雑誌』二六三号、四二三頁）。

時代は大正となり、一九一八年、富山県魚津で起こった米騒動が全国に波及した。また第一次世界大戦後には不況を招き、生活上の不安や不満は、労働運動や人権運動などの社会運動へと発展した。このような中で、貧困を個人によるものではなく、社会の構造から発生するとした捉え方も生まれた。また、これまでの慈善事業は社会事業と呼ばれるようになり、一九二〇年には、内務省地方局社会課が社会局に昇格した。このような社会情勢の中で、渋沢は、富者が貧者に対し相当の職分を尽すことは、文明的国民の唯一の徳義であるとしつつも、アメリカ巡遊時に慈善救済事業の盛んな様子を見て、日本国民がこの種の事業に対し、はなはだ冷淡なことに嘆息したとされている。[7] そのうえで、富者が富を増せば増すほど、社会からの助力を受けているのであり、社会の恩恵に報いるためにも救済事業に関与するのは、富者の当然の義務であると主張している。[8] そして、渋沢は天皇が慈善事業のために内《ない》帑《ど》金《きん》を下賜する姿を富者が見れば、申し合わせをしなくても、その万分の一でも恩返しをしようと富者は苦慮するはずだとしている。[9] しかし、富者が救済事業に資金を投ずるにしても、見せかけの慈善や見栄からの慈善は、誠実を欠くものとなり、かえって悪人をつくることになるとも指摘している。[10] 一方、貧者に対しては、貧者が大名になるような方法では、慈善が慈善でなく、救恤が救恤でなくなるとも述べている。[11] これらは、渋沢の富者と貧者に対する道徳観といえる。

以上、当時の社会情勢と渋沢の道徳観を見た。渋沢が東京養育院の院長であったことは知られているが、渋沢自身が「慈善事業に於ては、東京養育院、済生会、慈恵会、中央慈善協会の四つとは従前と毫も異るなき関係を持続し、是又飽くまで尽くして参りたい精神である[12]」と述べるように、東京養育院以外の慈善・社会事業にも強い思いを持って関与していたことがわかる。特に本章が取りあげる恩賜財団済生会、中央慈善協会には、格別の思いを抱いていたことがうかがえる。

二　中央慈善協会設立に対する渋沢の思い

(1) 中央慈善協会とは

中央慈善協会は、現在の全国社会福祉協議会の前身である。まず設立までの経過であるが、一九〇三年に開催された全国慈善大会において、全国組織の必要性から日本慈善同盟会の設立が決定された。その設立に向けて具体的な検討が進められるなかで、名称が中央慈善協会となった。この創設委員には、内務省官僚の井上友一、窪田静太郎、そして、民間人の立場では原、留岡らが名を連ねた。このような流れの中で、日露戦争の影響を受けながらも、一九〇八年一〇月七日の設立に至った。渋沢は発起人の決議により初代会長に就任した。その他の役員には、顧問に清浦、評議員に一木喜徳郎、床次竹二郎らの政治家が就任し、幹事には井上や窪田、原、留岡らが就任した。先行研究によれば、顧問に清浦、幹事に井上らの内務官僚が名を連ねたことで官僚統制型の官民一体組織となり、政策の後退を肩代わりする役割を担うこととなったとの指摘もある[13]。ここで「中央慈善協会設立趣意書」に記された協会の役割を抜粋する[14]。

一、内外国に於ける慈恵救済事業の方法状況及其得失を調査報告すること。
一、慈善団体の統一整善を期し、団体相互の連絡を図ること。
一、慈善団体と慈善家との連絡を図ること。
一、慈恵救済事業を指導奨励し、之に関する行政を翼賛すること。

この趣意書からも、中央慈善協会には慈善団体の調整・連絡機関としての役割があったことがわかる。その後、一九二一年、中央慈善協会は社会事業協会に名称を変え、財団法人に組織変更しながら終戦前後まで存続する。戦後は名称が日本社会事業協会となり、一九五一年には、中央社会福祉協議会、そして翌年には、法人格を社会福祉法人に変更し、その名称が全国社会福祉協議会連合会となり、一九五五年、現在の全国社会福祉協議会となった。(15)

(2) 中央慈善協会設立へ

渋沢の日記によれば、一九〇七年五月二八日、華族会館において清浦らと中央慈善協会の設立について懇談をしている。九月一九日には、内務省内で井上、窪田と設立について話し、一一月九日には、銀行集会所において中央慈善協会設立の協議をしている（渋沢「渋沢栄一日記」一九〇七・一九〇八年（『伝記資料』二四巻、三二一頁））。そして、一五日には、窪田が渋沢を訪ね、再び中央慈善協会について話し合い、一九〇八年九月二三日には、原と中央慈善協会について話し合っている（同前、渋沢「渋沢栄一日記」一九〇七・一九〇八年、三二一頁）。話し合われた内容までは、これらの史料で確認はできないが、渋沢は、中央慈善協会の設立にあたり、創設委員であり後に役員となるキーパーソンと会合を重ねていたことが確認できる。そして、一〇月七日、中央慈善協会の発会式を迎えた。中央慈善協会設立に対する渋沢の思いは、次に記す渋沢の言葉から読み取ることができる。

吾々は東京に此の中央慈善協会といふものを組織して、何れの方面に企てられてゐる慈善事業に致せ、何れの地方に経営してある救済事務に致せ、成るべく其の事情を詳かにして、彼は過ぎる此は足らぬ、甲と乙とは完全に連絡が付いて居らぬといふことに見及ぶならば、遠慮なく其の事を当局者へ注意し、或る場合には社会に発表もするし、或る事柄に就いては、単に私設だけでは出来ないことがある、政治の力によらなければならぬこともある、さういふことを認めたならば、其の筋に向かつて、斯くしなければならぬと云ふ意見を申告する積りである。(16)

この言葉から渋沢が、中央慈善協会には各慈善事業や救済事業の事情を把握し、連携ができていないところは当局者に申し入れをし、あるいは社会に向けても発信をし、政治に対して意見具申する役割があることを認識していたことがわかる。

また池田敬正の研究によれば、中央慈善協会の設立は、日本における慈善事業の組織化を示すもので、結果的に国家の指導に基づくものになったことを指摘している。(17)これに対する渋沢の思いを次の文から読み取ることができる。

殊に慈善事業は、官制を以てするとか、規則を以て組立てるといふは、其の性質上面白くない、詰り愛情とか慈悲とかいふものが溢れて成立つものでなければ、別して一方に偏し易い、故に之を統一して整理する為に斯かる組織が必要であるといふのが、抑も此の中央慈善協会を組立てた趣旨である。(18)

すなわち渋沢は、官や制度に基づく慈善事業は性質上好ましくなく、また官や制度による事業では思いが欠けるとした。つまり、愛情や慈悲が溢れて慈善事業が成り立つものでなければ一方に偏りやすくなるのであり、そのため慈善事業を統一して整理する中央慈善協会が必要であると捉えている。以上から渋沢は、政府（官）と一定の距離を取る立場で中央慈善協会の機能を考えていたともいえる。

また一九〇七年一一月二日に開催された中央慈善協会第四回総会での渋沢による開会の辞からも設立への思いを読み取ることができる（渋沢「本会第四回総会開会の辞」（『慈善』三編二号、一九一一年（『伝記資料』三〇巻、四五三〜四五七頁））。

> 中央慈善協会の設立されました本旨は、単に慈善事業に於て本会自身が此事業と手を着けるよりは、全体から見渡しまして、成るべく必要に応じて其事業が世に適応するやうに致したい。言葉を換へて申しますると、努めて経済的に組織的に経営し、万一にも彼此衝突し或は重複せぬ様にして事業が宜きを得るやうに致したいといふのが本会の趣旨でございます。

前述したように慈善事業の経営には脆弱さがあり、その事業を支援したいとする渋沢の思いがこの辞からもよくわかる。そして、このような役割を中央慈善協会が果たすことにより、各地での慈善事業が経済的に進歩すれば、社会の富が進み生存競争が激しくなっても、その落伍者を救うことができると考えている。そして、慈善事業家も中央慈善協会もあくびをするくらい暇な時代にしたいという思いを述べている（同前、渋沢「本会第四回総会開会の辞」四五七頁）。

以上、中央慈善協会における渋沢の思いを見てきたが、渋沢のなかには、慈善事業を支援したいとする強い思いがあった。そこには自身が養育院の運営に携わった経験が背景にあったとも考えられる。

三　恩賜財団済生会と「忠恕一貫」の思想

(1) 恩賜財団済生会とは

済生会は、一九一一年二月、明治天皇のいわゆる「済生勅語」により設立された救療機関である。済生会は財団法人として救療事業を展開してきたが、第二次世界大戦後の民主化政策のなかで、社会福祉法人として存続を図ることになり、国内最大の社会福祉法人となった。現在では日本赤十字社などと同様に、医療法にもとづく公的医療機関として、日本各地で医療事業、介護保険事業並びに社会福祉事業を展開している。また設立当初からの目的であった救療事業についても、社会福祉法の第二種社会福祉事業として、無料または低額な料金で生活保護者および低所得者に対し医療サービスの提供をおこなっている。設立当初の役職者は、総裁に伏見宮貞愛親王、会長には首相である桂太郎（一八四八～一九一三）、副会長は元内務大臣の平田東助（一八四九～一九二五）と内務大臣原敬（一八五六～一九二一）、そして、理事には床次らが、監事には実業家の大倉喜八郎（一八三七～一九二八）らの名が見られ、医務主管には近代日本医学の礎を築いた北里柴三郎（一八五三～一九三一）が委嘱されている。渋沢は済生会設立後に顧問および評議員を務めている。

そもそも恩賜財団とは、明治天皇からの下賜金（一五〇万円、現在に換算すれば約三〇〇億円）と民間からの寄付金による財団であり、その表記は恩賜と財団を縦書き横並びにした組文字で記されている。これは、明治天皇の済生会は国民とともにおこなう事業だとする思いが込められており、[19]現在もこの組文字を使用している。また済生会の紋章は撫子の花に露を表したデザインを使用しているが、これは伏見宮貞愛親王が詠んだ歌に由来している。

済生会の救療実績をみると、一九一二年度の受診者実人数は、東京市で一万三四一四名であり、その他の地方においては二万八八四九名が施療を受けている。[20]また診療施設については、当時の東京市本所、深川に直営診療所が開設され、一九三七年には、全国で病院一五施設、診療所六一、乳児院二、療養所二、診療班一〇、巡回看護班一二が確認できる。[21]

（2）大逆事件に対する渋沢の認識と社会主義思想

まず済生会の設立に関する研究を紹介したうえで、筆者の考えを述べたい。

天皇慈恵強化説では遠藤興一が、済生会は天皇制慈恵主義と思想的にも実態的にも離れがたく結びつき、[22]同時に天皇親政論も施策に乗せ、その維持、存続を図ったことを指摘している。[23]高島進も済生会設立は、天皇の下賜金による慈恵的救済の強化であり、大資本家をはじめ国民の寄付で、各地に済生会病院が設置され、救療と実費診療がおこなわれたのがその典型であるとしている。[24]そして、明治政府が社会主義を弾圧するために、幸徳秋水（一八七一〜一九一一）ら社会主義者が明治天皇の暗殺を企てたとする事件を捏造し、幸徳らを処刑した、いわゆる大逆事件が起こるなかで、貧困対策も新たに再編成され感化救済事業と名づけられ、「感化」が天皇制国家秩序による国民の感化と慈恵的救済の意味に拡大されたことを指摘している。[25]

次に大逆事件対処説では、吉田久一が大逆事件処刑後の一九一一年二月一一日、施薬救療の資として一五〇万円の下賜があり、施薬救療下賜の「勅語」には「人心動もすれは其の帰向を謬らむとす」とあり、さらに桂の首相謹話や宮内大臣の渡辺千秋（一八四三〜一九二一）などの発言にも大逆事件や「冬の時代」による階級分化に伴う貧困などの増大が暗示されていることを指摘している。[26]遠藤は幸徳ら一二名が大逆事件の容疑を以て処刑された直後、施薬救療の勅語が渙発され、やがて済生会の設立につながったことを指摘している。[27]また小川正亮の研究では、済生会設立は危機段階における支配階級の地位保全のためには必要不可欠な装置であり、そのため皇室の恩恵に源泉するものとして位置付けられなければならなくなり、済生会の設立はムチの反面としてのアメであることを見事に実証したものであると指摘している[28]。明治天皇の本意はわからないが、少なくとも政府においては、社会主義者および社会運動弾圧への反発を緩和させる目的が済生会を設立した意図にはあったと考えられている。

一方、大谷まことの研究では、通説的見解からの中央慈善協会や済生会設立批判に対して、その政治的機能という視点の鋭さを否定するものではないが、両組織がなければ恤救規則による援助が手厚くなされていたのかといった疑義を投げかけ、済生会設立に対する批判だけの評価に対し疑問を呈している[29]。そのうえで、通説的見解の問題は、両者に対する評価の視点があまりにも一面的であり、国民側からの必要性や両者が実際におこなってきたことをほとんど無視し、国民の置かれていた状況を変革するときの障害物であったといわんばかりの扱いをしていると指摘している[30]。大谷のような見解は池田にも見られ、あきらかに済生会の設立は、日本の救療事業にとって画期的な意味をもったとし、医療費高騰の社会問題化の下で、「無告の窮民」に留まらない低所得の賃金生活者をも対象とする社会的な対応が必要になったことを指摘している[31]。そして済生会設立の批判的見解における原因の一つに、渋沢という人物の捉え方と組織の中における位置づけおよび影響力、働き方を見誤ったと大谷は見ている[32]。具体的には、渋沢が中央慈善協会や済生会などを支配階層の安泰のために利用するような人物ではなく、また支配階層に担ぎ出され利用されるような人物でもなかったとしたら、そして渋沢が当時の社会事業の置かれている状況を熟知し、救貧・防貧事業を真摯に命がけで取り組んでいた人物であったとしたら、事態は変わってくると指摘する[33]。このことは、済生会だけに限定されるものではない。杉山博昭は、渋沢が慈善事業の形成において、多様な役割を果たしたことは明かであり、渋沢が軽視されてきたため、社会福祉史における歴史の把握において、重要なことを見逃すことになったのではないかと指摘する[34]。つまり、渋沢の慈善・社会事業へのかかわりとその思いがポイントになる。

その渋沢であるが、一九二九年一二月に渋沢事務所内で行われた渋沢篤二らとの懇話会の中で、大逆事件後、桂が思想緩和策として明治天皇に下賜金を仰いだのではないかとの問いに対し、「いやそんな深い意味はなかつたと思ふ」とだけ答えている（渋沢「雨夜譚会談話筆記」下、一九二七年（『伝記資料』三一巻、八四頁））。これ以上の言及はないが、渋沢にとって済生会の設立が、大逆事件への反感を揉み消す意図があろうが、あるまいが、あまり関係のないことであったようにも思われる。しかし、渋沢は、当時の社会主義思想の発生を貧富の差から生じた社会問題だと捉え、一人の救済策を講ずることもなく打ち捨てておいたので、忌むべき社会主義思想が発生したのだと捉えている。[35]さらに「貧富隔絶の結果は、経世家がもっとも憂慮すべき、悪い意義の社会主義を勃発させることになり行くのである」[36]とも言及している。そして、今後、大逆事件のような出来事を発生させないためには、実業家が自己の利益のみを優先すれば社会は不健全となり、危険思想が蔓延するに相違いないと警告し、[37]救療事業のような貧民救助は、広義に解釈して、社会の安寧秩序を保持するための必要的条件であるとしている。[38]これを支配階級の地位保全と見るのか、社会全体の利益増進と見るのかで、その評価が分れることになる。筆者の見解としては、社会全体の利益を重んじる渋沢にとって、社会の安定こそが第一義的な目的であり、そのためには困窮者が治療を受けられる体制を構築することが必要であり、その役割を果たすのが、済生会であると渋沢は考えていたと見える。

（3）渋沢の果たした役割

済生会設立当初の役員に渋沢の名前はない。では渋沢は、済生会の設立において、どのような役割を果たしたのだろうか。

済生会設立には民間からの多額の資金を必要とした。当時の首相であった桂は五月九日、官邸に東京、京都、大阪、横浜、神戸、名古屋の六大都市より実業家約一九〇名を集め、済生会設立の趣旨説明をおこない賛助を求めている。その世話人として東京に二〇名、大阪に一〇名、その他には五名を置き、この世話人が寄付金の斡旋に当たることが取り決められた(39)。当時の東京市の世話人に渋沢の名前が見られる。民間から寄付金を集めるには、各地にその要となる人物を必要としたのである。そして六月には、渋沢は桂や平田と済生会について協議したことが日記から確認でき（渋沢「第一日記」（『伝記資料』別巻第一、六七五頁））、特に六月から七月にかけて、済生会設立のための寄付金などに関する協議が頻繁におこなわれている。大正元年度末までの寄付の実績であるが、寄付人員四万二九七九人（内、官吏寄付三万一四六一人）、寄付約束高二四四四万四六八〇円となっている(40)。

次に周囲の人物から見た済生会設立における渋沢の評価である。渋沢の秘書役であった八十島親徳、当時の内務省衛生局長であった小橋一太、そして、桂の秘書官であった坂田幹太、済生会理事の一人であり内務官僚で後に理事長を務めた大谷靖によるものがある。各々については、次のとおりである。

八十島「済生会の発起には、富豪に対する内実強制寄付の挙を伴ひたるも、兎も角桂公の政治上の勢力に依りて、苦情だらゝ乍ら成立を見るに至れり（中略）済生会の発起にしても、男爵の努力なかつせ《ママ》は、かかる成功は見られざりしならん○（下略）」（八十島親徳「日録」一九五〇年（『伝記資料』三一巻、七八頁））。

小橋「済生会の創立に熱心に尽された方は総理大臣並びに内務大臣、民間では故渋沢子爵が中心となつて、其の時の意気込みは、国家の大事業として此の創立に当られたことを深く自分は感じた(41)。」

坂田「二十五年の昔に於ては一口一万円の寄付なぞと云ふものは相当驚異的な額であつたのである。それが故桂、平田両大臣の熱誠なる尽力と特に渋沢伯《ママ》の感激的な運動に依つて、巨額の寄附申込が相次いで殺到した所以のものは実に明治天皇の御聖旨に泣いた国民的感激の顕れであり(42)、御稜威の然らしむる所と我等関係者一同感泣したものであった。」

大谷「富豪の方は、官吏の寄付を纏めるやうには、容易に行かなかつたが、併し兎も角も弐千四百万円の申込金額に達した。恩賜財団済生会の功労者としては、渋沢子爵はいふ迄もないことであるが、大倉男爵の尽力も、多大なるものがあつた。」[43]

これらの評価からも渋沢は済生会設立に必要な民間からの資金集めにおいて重要なキーパーソンであったことがわかる。さらに先述した渋沢事務所内での懇話における次の応答に寄付金集めに対する渋沢自身の思いを読み取ることができる（前掲、「雨夜譚会談話筆記」下、八三頁）。

済生会の創設の事は覚えているよ。但し創立後の経営には大して直接の関係を持たないから、此方面の事は知らない。何でも事の起りは、桂さんが総理大臣を罷める少し前骨折つて、帝室から百五〇万円の御下賜金を戴く事になつた。それについて民間からも醵金をしてこれを以て社会事業を起す計画を立てたので『醵金にはお前が出て一つ尽力して呉れ』と桂さんが私に頼まれたので、私も『おやりなさい。此際金持から金を蒐めて社会事業をお起しになる事は、至極賛成です。』と引受けて、尽力した。その時、大倉氏に百万円出させた。何でも大倉氏は加減が悪くて引籠つて居つたから、私は病床に行つて薦めたよ。三井・岩崎も、大倉が百万円出したらと云つて各百万円寄附することになつた。（中略）その時は、寄附募集については相当尽力したよ。総額で二千万円ばかり蒐まつたと思ふ。然し実務について、理事とか監事とかに立つた事がないから、その方面の消息は知らない。

この応答からは、桂が民間からの資金調達が困難と予測されることから、その資金調達役を渋沢に依頼し、渋沢自身も民間財閥から献金を集めることに肯定的であったことがわかる。このような寄付金集めは渋沢にとって、先述した渋沢の思いと矛盾する行為ではなかったと考えられる。

(4) 渋沢における済生会の存在意義

渋沢の済生会への思いについては、渋沢による開会の辞から理解することができる（前掲、渋沢「本会第四回総会開会の辞」四五四頁）。

> 是は諸君と共に深く喜ばねばならぬことでございますが、即ち其事は恩賜財団済生会の設立でございます。貧にして治療することが出来ぬ者は、前の防貧とは其性質を異にしまするけれども人は誰でも煩ひますれば職に就くことが出来ぬ。職に就くことが出来ぬければ即ち生活を失ふことになる。さうして其病ひが重ければ遂に治療し得られぬで死に至るといふ如き惨状に陥るのです。之を救ふといふことは第一に努めねばならぬと、深く本会に於ても心を悩まし居りました。（中略）諸君も御承知の通り本年二月一一日に難有い勅語を賜つて、時の総理大臣が其趣旨を奉じて汲々として其成立に力められまして、遂に七月の末に済生会が完全に成立致しました。但し其事業の着手にはまだ少し時があらうかと思ひまするけれども、業に已に基礎が固く成立ちますれば、都会にも地方にも貧民の施薬救療に於ては、我々の深く憂慮した事が安心を得たと申しても宜からうと思ふ。実に難有き次第であると諸君と共に慶賀致します。

渋沢は誰でも疾病に罹患するが、貧困により治療を受けられなければ働くこともできず、病気が重ければ死に至る。しかし、済生会の設立により施薬救療の仕組みができたことで、安心が得られた思いを述べている。また渋沢が、東京朝日新聞記者の取材に応じたとする「優詔と国民の覚悟」においては、別の視点を見ることができる（渋沢「優詔と国民の覚悟」（『竜門雑誌』二七四号、一九一一年（『伝記資料』三一巻、六二頁））。

商工業の発達殊に機械力の応用益旺盛となり、生存競争は次第に激烈となり、貧富の懸隔愈遠ざかつて、道義の念動もすれば乱れんとするの傾向あるを憂慮せられたるものと拝察す、文化の進運と共に貧富の懸隔が次第に遠ざかり行くは、欧米先進国に見ても事実にして又止むを得ざる所なり、此時に当り貧民を適当に救済して謬らざる様に努むるは、独り人道上又は政治上に必要なるのみならず、経済上に於ても頗る必要なる事なりと信ず。

渋沢は、救貧は経済上においても、もっとも必要だとしている。それは、貧者が仮に職を失い窃盗を働こうとしたならば、被害者は損失を受け、加害者は盗んだその財を無益に浪費するが、その加害者を逮捕し、刑務所に収容すれば経費が必要になるなど、経済的観点から貧民救済の必要性を説明している（同前、「優詔と国民の覚悟」六二頁）。

また次の渋沢の言葉からは、さらに別の視点からの必要性を読み取ることができる。

たとえば地所をたくさん所有していると、空地が多くて困るとかいっているが、その地所を借りて地代を納めるものは社会の人である。社会の人が働いて金儲けをし、事業がさかんになれば空地も塞がり、地代も段々高くなるから、地主も従って儲かる訳だ。（中略）一つは社会の恩だということを自覚し、社会の救済だとか、公共事業だとかというものに対し、常に率先して尽すようにすれば、社会はますます健全になる。それと同時に自分の資産運用もますます健実になる。[44]

渋沢は経済循環の観点からも救貧を捉えており、総じていえば、社会全体にとっての利益といったマクロ的視点によっても、救貧を捉えている。その根底には渋沢の「真正の利殖は仁義道徳によらなければならない[45]」、「国を治め民を救うためには道徳が必要であるから、経済と道徳とを調和せねばならぬことになる[46]」とする思想があったと考えられる。

(5) 済生会の救療事業——岡山県における医療券斡旋事例

済生会による救療には、直営施設や巡回診療班などによるものと、公立医療機関などへの委託によるものがあった。ここでは岡山県における済世顧問の事例から済生会の役割を見ることにする。

まず済世顧問であるが、岡山県には岡山県済世顧問制度があった。これは一九一七年五月、当時の知事笠井信一が創設した制度であり、地域の篤志家らを済世顧問に委嘱し、防貧活動をおこなわせるものであった。この翌年に大阪府方面委員制度が創設されている。方面委員令につながった岡山県済世顧問制度は、現在の民生委員制度の原点ともいえる。その済世顧問による個別救済において、次のような事例が見られる。

元来怠慢で、酒飲みで、喧嘩好きで村中の者から指弾される者がおり、この人物は竹細工工業者ではあったが、その賃金は酒に化し年中貧乏であった。ある日、病気で臥せるが、「貧乏で医者にもかかれない、まあ、自然に癒るのを待つて居る」というので、村長を訪ね済生会の医療券を斡旋する。軽快するとこの男は済世顧問に礼を言うので、顧問は、診療費も薬代も私が出したのではない、是れは明治天皇が無告の窮民の病苦を救はせられんとて巨額の御内帑金を下し置かれ其れが基となつて済生会と申すものが出来て施薬せらるゝのである、夫れから我国体の事から陛下の有難きことを懇篤教示したる処頑迷の彼れも始めて感泣に咽びそんな偉い御方が居らるゝのですか、何の方角にお住ひ乎と問ふので天子様は東の方にお在しますと教へると彼れは俄に東に向て伏し拝んだ。(47)

このケースは、先行研究でも指摘された天皇慈恵を国民に浸透させようとする事例でもあるが、済世顧問が相談に応じ済生会の医療券を斡旋したことが確認できる。いずれにしても、このように困窮により医療費を支払えず、治療が受けられない人々に施療の機会を提供したのが済生会であった。

以上、渋沢と済生会との関係について見てきた。仮にその設立が大逆事件への事後対処策であったとしても、渋沢は、社会全体の利益になることへの協力は惜しまなかったのであり、これを忠恕一貫の思想をもって、資金集めをやり通した。(48)そこには、惻隠の情も存在したであろうが、国家、社会に尽くすのが渋沢のいう公益の追求であり、その一つに済生会設立への関与があったと考えられる。

四　全日本方面委員連盟設立に向けて

(1) 方面委員とは

救貧委員制度である方面委員への渋沢の関与として最初に見られるのが、埼玉県の方面委員制度の前身となる埼玉県救済協会の設立であり、一九一九年六月に、この法人が設立されると渋沢はその顧問に就任している。(49)

方面委員令は一九三六年一一月一三日に公布された。方面委員令の先駆となる岡山県済世顧問制度創設後には、各地に同様な委員制度が設立されるが、その名称も各々異なる形で波及した。その一つが、前述の埼玉県救済協会であり、この協会には福利委員が設置された。また東京市では方面委員制度が創設され、宮城県では奉仕員制度が創設された。このような委員制度の統一化と全国配備が方面委員令の目的でもあった。この方面委員令により各知事が委嘱する方面委員は名誉職とされ、その役割は無報酬により、定められた受持地区内の困窮者の調査や救済、教化を担い、必要により社会事業や無料診療の斡旋、戸籍の手続き、身上相談、就労の斡旋などを担った。(50)

（2）全日本方面委員連盟初代会長に就任

恤救規則が救護法に改正された。その内容は恤救規則に比べれば、公的扶助を認めたものの、権利としての請求権はなく、その対象者も限定的であった。救護法は一九二九年四月二日に制定公布されたが、直ちに施行されなかった。このことから中央社会事業協会の主催でおこなわれた一九二九年一一月の全国方面委員大会第二回会議において救護法実施促進継続委員会が組織され、さらに翌年二月には、方面委員を中心とする救護法実施期成同盟会が結成された。(51)また同年一〇月には救護法実施促進全国大会が開催されたが、この時、渋沢は療養中であった。(52)それにもかかわらず渋沢は、高熱をおして、救護法の実施を促すため、安達謙蔵内務大臣や井上準之助大蔵大臣を訪ねた。(53)しかしながら、それでも実施には至らず一九三一年二月、全国の方面委員代表者の連署による上奏が昭和天皇に対しなされた。(54)この運動が契機となり、一九三一年四月、全日本方面委員連盟が設立され、その初代会長に渋沢が就任した。しかし、同年一一月一一日、渋沢は逝去した。

渋沢にとって、最後の仕事の一つとなった救護法の施行は一九三二年一月に実現した。渋沢が病をおしてまでも安達らを訪ねた背景について、当の安達が次のようなエピソードを伝えている。

老子爵は今日全国の方面委員の代表者が訪ねて来られて、目下全国二万の方面委員が世話している無告の窮民が、約二十万近くあつて、其の人達が甚しい窮乏に陥つて居る。これを救ふために已に制定された救護法があるのであるから、是非それを実施して貰ひ度いと一生懸命当局へ御願ひしているのであるが、財政窮乏の折柄中々六ケ敷い様である、といつて此の人達を餓死せしむることは誠に偲びないことであるから、私にも是非加勢をせよとの懇望であつた。（中略）実際あの老体で此の寒中病を押して同胞を救ふために、我が苦痛を忘れ態々訪ねて来られたその至誠、その情熱を思ふと心底敬意を表さずに居られなかつたのであります。(55)

渋沢の会長就任は短期間であったが、救護法施行の実現には、渋沢の深い思いがあったことがわかる。その後、方面委員は、軍事援護の第一線機関としての役割を担うことになり、戦後、全国方面委員連盟は、財団法人全国民生委員連盟となったが、一九五一年に解散し、中央社会福祉協議会にその役割は集約された。

五　慈善・社会事業との出会いの意味

渋沢の三団体における関与を見てきた。清浦は渋沢が慈善・社会事業にかかわることになったのは、深く思索を遂げ計画を立てた結果ではなく、偶然の機会からそうなったといっていたことを伝えている。(56)民による事業を起こし、国の根本を創ろうとした渋沢にすれば慈善・社会事業への関与は、偶然の出会いであったのかもしれない。しかし、渋沢にとっての慈善・社会事業は、特別なものではなく、銀行などの事業と同列に公益の事業として見ていたのではないだろうか。そして、渋沢は明治初期まで軽視されていた商工業者の有様が一変したように、慈善事業者も同様となり、その事業を盛んにしなければ、貧困問題は解決しないと考えた。(57)

また渋沢は一九〇八年、内務省主催の感化救済事業講演において講師のひとりを担ったが、その講演の締めくくりで、「心に誠に之を求むれは当たらすと雖も遠からすと私は之を以て大義と致したく思います、（下略）」といっている。(58) 現在では、ほぼ的を得ているなどの意味で使われる故事であるが、渋沢は真心をもって誠実に相手のためにおこなえば目的から大きく外れることはないと解釈しているように見える。これが渋沢の慈善・社会事業における大義であろう。そして、渋沢には、国家秩序の安定への思いと、惻隠の情ともいうべき困窮者救済への思いがあった。それは論語をバイブルとし、人としての存在意義を自己のためでなく社会や他者のためであるとした信念をもち、忠恕を重んじた渋沢にとって、慈善・社会事業は、人としての道であり、社会全体の公益として捉えていたことがわかるであろう。

註

(1) 清浦奎吾「渋沢翁と社会事業」鈴木誠治『故子爵渋沢栄一翁追悼講演録』（財団法人協調会、一九三二年）一四頁。
(2) 『石井十次日誌（明治三十二年）』（石井記念友愛社、一九六九年）八八頁。
(3) 同前、『石井十次日誌（明治三十二年）』九〇頁。
(4) 『石井十次日誌（明治三十九年）』（石井記念友愛社、一九七七年）一六三頁。
(5) 『石井十次日誌（明治二十七年）』（石井記念友愛社、一九六三年）一九一頁。
(6) 前掲、清浦「渋沢翁と社会事業」一八頁。
(7) 渋沢栄一『渋沢百訓――論語・人生・経営』（角川学芸出版、二〇一〇年）一八一頁。
(8) 同前、渋沢『渋沢百訓――論語・人生・経営』一八一頁。
(9) 同前、渋沢『渋沢百訓――論語・人生・経営』一九四頁。
(10) 同前、渋沢『渋沢百訓――論語・人生・経営』一九五頁。
(11) 同前、渋沢『渋沢百訓――論語・人生・経営』一九五頁。

(12) 渋沢栄一『村荘小言』(実業之世界社、一九一六年)五四七頁。
(13) 高島進『社会福祉の歴史』(ミネルヴァ書房、一九九五年)二〇〇頁。
(14) 全国社会福祉協議会(https://www.shakyo.or.jp)(参照二〇二四年九月一〇日)。
(15) 同前、全国社会福祉協議会ウェブサイト。
(16) 渋沢栄一『至誠努力修養講和』(文川文明堂、一九一八年)三九八～三九九頁。
(17) 池田敬正『現代社会福祉の基礎構造』(法律文化社、一九九九年)二〇二頁。
(18) 前掲、渋沢『至誠努力修養講和』三九九～四〇〇頁。
(19) 恩賜財団済生会『恩賜財団済生会志』(恩賜財団済生会、一九三七年)一頁。
(20) 同前、恩賜財団済生会『恩賜財団済生会志』二五〇頁。
(21) 同前、恩賜財団済生会『恩賜財団済生会志』二五〇頁。
(22) 遠藤興一「恩賜財団済生会の成立と展開過程について(上)」(『明治学院大学社会学・社会福祉学研究』一三一号、二〇〇九年三月)五〇頁。
(23) 同前、遠藤「恩賜財団済生会の成立と展開過程について(上)」五二頁。
(24) 前掲、高島『社会福祉の歴史』一九九～二〇〇頁。
(25) 同前、高島『社会福祉の歴史』一八八頁。
(26) 吉田久一『新・日本社会事業の歴史』(勁草書房、二〇〇四年)二一一頁。
(27) 前掲、遠藤「恩賜財団済生会の成立と展開過程について(上)」五一頁。
(28) 小川正亮「第三編産業資本確立期の救貧体制」(日本社会事業大学救貧制度研究会編『日本の救貧制度』、勁草書房、一九六〇年)一四六頁。
(29) 大谷まこと『渋沢栄一の福祉思想』(ミネルヴァ書房、二〇一一年)一九〇頁。
(30) 同前、大谷『渋沢栄一の福祉思想』一九一頁。
(31) 池田敬正『日本における社会福祉の歩み』(法律文化社、一九九四年)一〇一頁。
(32) 前掲、大谷『渋沢栄一の福祉思想』一九一頁。
(33) 同前、大谷『渋沢栄一の福祉思想』一九二頁。

(34) 杉山博昭『社会福祉実践における根源の探求』（時潮社、二〇二四年）四五頁。
(35) 前掲、渋沢『渋沢百訓――論語・人生・経営』一九二頁。
(36) 同前、渋沢『渋沢百訓――論語・人生・経営』四八頁。
(37) 同前、渋沢『渋沢百訓――論語・人生・経営』一八〇頁。
(38) 同前、渋沢『渋沢百訓――論語・人生・経営』一九一頁。
(39) 前掲、恩賜財団済生会『恩賜財団済生会志』三六～四〇頁。
(40) 恩賜財団済生会『恩賜財団済生会第一回会務報告書』（恩賜財団済生会、一九一三年）八四頁。
(41) 恩賜財団済生会『済生』第一四年第五号（恩賜財団済生会、一九三七年）九頁。
(42) 同前、恩賜財団済生会『済生』第一四年第五号、一六頁。
(43) 前掲、恩賜財団済生会『恩賜財団済生会志』四四頁。
(44) 渋沢栄一述『論語と算盤』（大和出版、一九九二年）一二一頁。
(45) 同前、渋沢『論語と算盤』一〇〇～一〇一頁。
(46) 同前、渋沢『論語と算盤』一一二頁。
(47) 岡山県学務部『済世顧問制度詳解』（岡山県学務、一九三〇年）一二～一三頁。
(48) 前掲、渋沢『論語と算盤』四二頁。
(49) 全日本方面委員連盟『方面事業二十年史』（全日本方面委員連盟、一九四一年）二五四頁。
(50) 全日本方面委員連盟『方面委員實話』（全日本方面委員連盟、一九三七年）一～二頁。
(51) 全国社会福祉協議会『全国社会福祉協議会九十年通史』（全国社会福祉協議会、二〇〇三年）九四頁。
(52) 同前、全国社会福祉協議会『全国社会福祉協議会九十年通史』九五頁。
(53) 同前、全国社会福祉協議会『全国社会福祉協議会九十年通史』九六頁。
(54) 同前、全国社会福祉協議会『全国社会福祉協議会九十年通史』九八頁。
(55) 安達謙蔵「渋沢翁と国民保健」（鈴木誠治『故子爵渋沢栄一翁追悼講演録』、財団法人協調会、一九三二年）二九～三〇頁。
(56) 前掲、清浦「渋沢翁と社会事業」一三頁。
(57) 渋沢栄一「慈善事業に就いて」（中央慈善協会『慈善』二編一号、中央慈善協会、一九一〇年）三八～三九頁。

(58)　渋沢栄一「感化事業の方法と感化の程度」内務省地方局編『感化救済事業講演集（上）』（内務省、一九〇九年）八四頁。

第七章　大原孫三郎との比較にみる渋沢栄一の福祉実践

――「鳥の目」と「虫の目」――

兼田　麗子

一　福祉実践の先駆者・渋沢栄一と大原孫三郎

（1）近代国民国家づくりと福祉の担い手

欧米先進諸国が帝国主義に基づいて世界を闊歩していた時代に、開国を迫られ、近代国民国家の道を歩み出した日本にとって、もっともおそれたことは植民地になることであった。植民地化を回避するためには、富国強兵が必須であり、そのために、殖産興業で経済力をつけ、資本を蓄積していかなくてはならなかった。この国家危うしの時代、明治政府の中央集権化のもと、政府主導での産業化、資本主義化が推進された。資本主義化が進展するにしたがって、機会をつかんで、いわゆる「持つ者」となった富裕層が形成された。その一方で、自分の労働力しか売るものを持たない「持たざる者」が大量に発生し、社会経済的な格差が問題視される事態が日本でも発生した。市場での自由競争を重視する資本主義下での格差拡大は、その構造上の欠陥ともいえるもので、怠けているから困窮者になるということだけでは説明がつかないことは明治政府をはじめとするリーダーたちも、もちろん承知していた。

しかし、まずは資本を蓄積する必要がある、日本が国際的な競争力を身につけた後に、弱者救済、福祉に目を向けていこうという方針で格差拡大対策には大きな力が注がれていなかった。救済法のようなものとして当時は、血縁と地縁による相互扶助を基本とし、それらに頼ることができない人たち、すなわち無告の窮民のみを救済する、という一八七四年制定の恤救規則《じゅっきゅうきそく》があっただけであった。

渋沢栄一は、このような時代の制約の中で「民」の立場から、変革への参加意志と勇気、行動力をもって社会をより良くしていくための実践を進んでおこなった。渋沢と同じように先駆的に福祉実践に挑んだ者も多かった。その一人に大原孫三郎（一八八〇〜一九四三）がいる。経済活動に寄与している企業家を自認して、社会事業家とみなされることを好まなかったという大原も、渋沢と同じように、経済活動と同時に公益のためにも働き、いわゆる経済と倫理・社会文化貢献を両立しながら福祉実践にかけた先駆者の一人である。

そこで本章は、政府主導で「上」から近代国民国家づくりがおこなわれていた時代にあって、渋沢と同様に、経済活動だけでなく、「民」主導で福祉実践を展開した大原を比較の基軸にとって、渋沢の特徴を考察する。(1)両者の交流の有無の確認などについて筆者は別稿(2)でまとめたが、本章では、「民」主導、「官」との関係、という点を大きく意識しながら比較考察をおこなう。共通点と相違点を見ていくことによって、現代の我々にとって有意義な視点を確認できるだけではなく、渋沢の特徴が浮かび上がってくると考える。そしてさらには、渋沢の福祉に関する考え方の位置づけ、ひいては福祉実践者たちの類型化が可能になるのではないかと考えられるからである。

なお、人々の幸せや安寧づくりを視野に入れて活動した渋沢と大原について考察する本章では、「社会福祉」ではなく「福祉」という言葉を用いる。また、「民」の立場から、あるいは在野から公共的な活動を率先した、と同じ意味で「『下』から公共性を担った」という表現も使う。さらに、比較する大原の福祉実践は、狭義の社会福祉分野に分類することのできる岡山孤児院（石井十次設立）への支援、倉紡中央病院（後に改称・現倉敷中央病院）、それに社会経済的格差の解消を直接的に企図した科学研究所を主として考察対象とすることを断っておく。

（2）「東の渋沢栄一、西の大原孫三郎」

「東の渋沢栄一、西の五代友厚」という表現がある。これは、関東地域では渋沢が、関西地域では五代が、日本の資本主義、経済界の発展の礎をつくったという意味で使われる。たしかに、造幣寮（現大阪造幣局）の誘致と建設、大阪株式取引所や大阪商法会議所の設立をリードしたメンバーの一人である五代が大阪経済の礎をつくったということに異論はない。

しかし、経済的活動だけでなく、公益増大につながる活動や社会文化貢献事業にも尽力したという側面にも目を向けると、五代ではなく、「東の渋沢栄一、西の大原孫三郎」という表現も可能なのではないだろうか。実際、中学の社会科の教科書の中には、「近代化につくした人々」として、渋沢と大原の写真を並列して掲載し、社会貢献を含む近代化に尽力した人物と両者をとらえているものもある[3]。

『下』からの公共性を担った」企業家としては、さまざまな人物の名前をあげることができるだろう。しかし、経済活動と社会公益活動の両分野で大きな働きをした人物としては、渋沢、並びに大原を欠かすことはできない。また、両者の活動や考え方には類似点が見受けられるのである。

（3）大原の略歴

大原は、一八八〇年に岡山県倉敷で、多くの小作人を抱える大地主の家に生まれた。父の孝四郎は、倉敷紡績（一八八八年創立）の初代社長も務めた。大原はやがて、岡山藩の初代藩主、池田光政が備前の山間部につくった郷校、閑谷学校に入れられた。しかし、閑谷学校での寮生活が合わなかったこと、新しい学問への興味が以前から強かったこともあって大原は、閑谷学校を途中退学し、念願かなって上京した。東京専門学校（現早稲田大学）に籍を置いたが、次第に学校から離れ、放蕩を続けた挙句、父の命を受けた義兄の原邦三郎によって倉敷に連れ戻されてしまった。大原の良き理解者であった邦三郎が、大原の高利貸しからの借金の調査・整理に当たったが、その最中に邦三郎は東京で倒れて早逝してしまった。このことが大原の反省と転換の大きな原因の一つになったと考えられている。

故郷に戻って謹慎していた大原は、大原の行く先を危ぶんだ東京時代の知人から送られてきた二宮尊徳の『報徳記』などの著作にふれる機会を得、独りよがりな生き方を自戒した。また、大地主であった大原家の小作地検分を父親から命じられ、小作人の困窮生活を目の当たりにした。そのような中で、貧窮しながらも志高く岡山孤児院を運営していた石井十次（一八六五～一九一四）に出会ったことで、大原は大きく変わっていった。

父の後を継いで紡績会社や銀行などの経営に携わった大原は、倉敷・岡山、そして大阪を中心にして福祉実践・社会文化貢献事業に生涯にわたって尽力した。大原の活動については、早稲田大学の教授も務めた浮田和民（一八六〇～一九四六）が、自らが主幹を務めた雑誌『太陽』において、「国家の費用」でおこなうような類の活動を「官」に先んじて民間人が地域でおこなっている、大原青年は公共的な人物であると賞賛する記事を書いていた。[4]

二　渋沢と大原の共通点――共存共栄のより善い社会をめざして

ここからは、公益を追求した東西を代表する福祉実践者、渋沢と大原が福祉に尽力した理由や特徴の共通点を確認してみる。

（1）健全な社会づくり

渋沢は、徳川昭武の随行員として幕末にパリ万博へ行った際に、国富増大には、商工業の発達、自由な経済活動が必須であることを思い知った。国を富ませるためには自由な競争を重視して工業化、資本主義化を進めていかなくてはいけないが、欧米の状況からもわかるように、生存競争が激化すると弱肉強食の社会となり、貧富の格差の拡大は免れられないということにも渋沢は同時に気づいた。

そのため渋沢は、自分さえよければいいという考え方のみがまかり通ってしまえば、「強い者のみが威張る、実に不愉快な世の中となる」だろうと警戒もした（渋沢「先づ身体の健全を図れ」（『東京市養育院月報』二七八号、一九二四年（『伝記資料』三〇巻、二七頁））。富む者はますます富み、困窮する者はますます貧に陥るということは、「不自然な変化」であり、偶然の機会が原因で不幸の境遇に陥る人もいる、一方、「不自然な変化」の恩恵を得て富裕者となる者も多数発生する、それゆえに貧窮救済、ひいては貧窮者を生じさせないための対策を講じていくこと、社会を健全に発達させていく努力が重要なのだ、という考えを渋沢は有していた（渋沢「時局救済に就て」（『竜門雑誌』三六五号、一九一八年（『伝記資料』三〇巻、六九七～六九八頁））。

大原の方も、共存共栄を目指したいと繰り返し話していた。持つ者と持たざる者、搾取する者と搾取される者、という見方や関係を打破したいと大原は考えており、経営していた倉敷紡績や倉敷絹織（現クラレ）の先駆的な福利厚生の導入は、資本家は労働者を搾取する存在ではない、という信念の発露であった。また、地主と小作人も協同関係にあるので、共存共栄を目指していくべき、という考えに基づいて、農事改良を科学的に追求する大原農業研究所を設立した。

大原は、労働科学研究所の初代所長、暉峻義等《てるおかぎとう》に請われて、深夜の自社工場の様子を見せたことがあった。本来ならば他者には見せたくなかったであろうが、現場に予告なしで暉峻を同伴した理由は、「何とかしてこの少女たちが健康でしあわせになるよう[5]」な科学的研究をおこなってほしいという願いのためであった。視察実現までのやり取りの中から大原の本気を実感した暉峻は、労働科学研究所で尽力することを誓った。

儲けることの放棄やその社会経済的ポジションを捨て去る、社会経済体制を覆すという選択肢は持たなかった大原ではあるが、資本主義の枠組みの中で経済発展を目指すとともに、その構造的な欠陥をカバーしてどうにか共存共栄をはかるための実践に大原も尽力したのであった。

（2）富者、成功者の使命

渋沢は、金銭は貯めるものではなく、活動していれば貯まるものであるという考えを保持しており、もし、自分が「一身一家の富むことばかりを考えていたら、三井や岩崎にも負けなかった」だろうと語っていた[6]。渋沢は、本当に富強な国になるためには、金銭の亡者になるのではなく、高尚な心持ちで経済を発達させる方向に皆で進んでいかないといけない、そうでなければ暗黒社会になってしまうと考えていた。

横山源之助の『日本の下層社会』（発行所不明、一八九九年）と同様、明治期の下層社会のルポルタージュとして定評を受けてきた記録に松原岩五郎の『最暗黒の東京』（民友社、一八九三年）があるが、渋沢も「暗黒」という言葉を時折使っていた。たとえば、「此世の中が漸々利益さへ多ければ何でも彼でも構はぬ、一般に左様の者のみあつたならば此社会は暗黒なる社会にならなければならぬと思ひます」と語っていたように（渋沢「第廿八例会に於ける渋沢栄一氏の演説」（『横浜経済会報告』一三号、一八九九年（『伝記資料』二三巻、六九頁））、渋沢は、経済社会的格差が拡がり、貧困者・弱者・落伍者が多い社会を暗黒な社会とみなしていたのであった。

そして渋沢は、成金のように、華美な生活を見せつけるというような態度は、褒められたことではない、成金は青年によくない思想を起こさせると指摘していた。さらには、贅沢な振舞を慎むべきことはもちろん、金権によって物事を独占することの防止、富者の反省が必要であると渋沢は戒めていたのであった（渋沢「米廉売と小売商に就て」（『竜門雑誌』三六四号、一九一八年（『伝記資料』三〇巻、六九六頁））。

資本主義体制下では、「不自然な変化」が起こり、怠けていなくても貧者になる可能性がある。そして、富者が発生する一方では貧者が必ず続出する。それゆえに、富者が直接に貧者をつくっているわけではないが、このような事情を考えて、身寄りのない人たちの保護から始まった養育院の事業を微力ながらにも支援するのであると渋沢は語っていた（前掲、渋沢「時局救済に就て」（『伝記資料』三〇巻、六九七～六九八頁））。

渋沢は、貧富の格差が拡大していく中で富者は、幸せな境遇に感謝し、反感を買わないようにしなければならないし、社会公共のために相応の努力をする必要があると考え、「富者が貧者に尽すは自然の法則」というような表現も用いて、社会に対する義務を説いていた[7]。

大原は、渋沢のように「富者」という表現はあまり使っていないが、それでも、富者の使命感という考え方は、渋沢と一致している。

石井十次と林源十郎（孫三郎の幼馴染の山川均の義兄で石井との交流を仲介したキリスト者）との出会いと感化によって大原はキリスト教を信じるようになった。そして、石井からの助言によって、聖書講読を日課とした。その過程で大原は、自分が先祖から受け継いできた財産は自分のものではなく、神から預かっているものであり、社会をよくするためにそれらを使い果たす、という使命感に目覚めていった。

大原の日記のそれらの記述を示しておこう[8]。一九〇一年九月二二日には、「生（自分――引用者注）は社会に対して益々責任の重大なるを感ずるのである。それは神が生を此の社会に降し賜つて、而も末子である生を大原家の相続人たらしめられたのは、神が生をして、社会に対し、政治上に対し、教育上に対し、何事かをなさしめようとする大なる御考に依るものだと信ぜざるを得ない。この神様より生に与へられたる仕事とは、生の思想を社会に実行するといふことである。（中略）神様の御教を社会に実行するのは生の責任である」と書かれていた。

また、翌年の一一月二七日には、「岡山県人は日本人中の標本であり、岡山県の標本は倉敷である。故に日本の中心は倉敷にあり。余は幸に倉敷に生る。余はこの倉敷は東洋の『エルサレム』たるべきであると信ず。否『エルサレム』たらしむるのが余の聖職である。依つて余は倉敷を聖倉敷たらしめんと決心す」と記されていた。

このような大原の使命感は、決して一時的なものでも小手先的なものでもなかった。金儲けのための姑息な労働者懐柔策などとみられることを大原は知りつつ、「絶対に自己の利害問題にあらず[9]」と表明して福祉実践をつづけた。

(3) 人間としておこなうべきもの——忠恕、人情

社会事業に関連した渋沢の発言の中には、人間として、忠恕や情を持つべき、というような言葉が頻出している。福祉・社会事業分野に尽力した大きな理由として、この根本をきちんと確認しておくことは重要だろう。

人間は、一身のことばかり考えていてはいけないと説いていた渋沢は、人間と禽獣は違う、人間は、「徳を修め、智を啓き、世に有益なる貢献」をなして初めて本当の人であると認められるのであるとの考えを示していた[10]。

また、人には慈愛の情があるとも繰り返していた渋沢は、「人情に敦厚な所がなければ、決して世に尊敬せられて、後世に名を遺すことはできない」「いかに才知技倆があっても、人情を無視し犠牲的精神に欠乏せる人物は、いたずらに悪名を後世に流すのみとなる」と考えていた[11]。困窮している人々を助けることには、「惰民」養成の懸念が示されることが多い。たとえば、現代の社会保障でも「フリーライダー」の問題はよく話題にのぼるが、渋沢は、思いやり、すなわち渋沢が多用した忠恕の心をもって救済する、それが人間であり、仁者だと説き続けた。

原因や問題は諸々あるだろうが、困っている人たちを見捨てて、生存が危うくなったとしても知ったことではない、という姿勢を否定する人間観、そしてそれに基づく社会観を渋沢は有していた。そのような考え方が、共生の追求、福祉のための実践につながったのであり、共存共栄のための方策を講じよう、防貧手段を見つけよう、とい

う努力を渋沢は先導していった。「倒れても本懐である」と吐露して（岩井岩吉「救護法実施促進運動の回顧」（『社会事業』一五巻一〇号、一九三一年（『伝記資料』三〇巻、六三七〜六三九頁）)、救護法促進運動支援のために渋沢が奔走した理由は、金銭のためでもなく、誰から強制されたわけでもなく、渋沢の根本にこのような信念があったためだといえよう。[12]

一方の大原は、経営していた倉敷紡績の工場附設の医局をさらに充実させて、従業員の健康をきちんと守っていくことは経営者としての当然の義務と考え、総合病院の倉紡中央病院（現倉敷中央病院）を当初の予算、一五万円を大きく超える一五〇万から二〇〇万円をかけて一九二三年に設立した。[13]

治療することを第一とする東洋一の理想的な、「病院くさくない明るい」病院をつくって、自社の従業員のみならず、地域住民も受診可能とした。その一つの理由は、スペイン風邪と呼ばれた流行感冒が一九一八年に流行した際に、十分な治療を受けることができずに亡くなった庶民が多数いたことを耳にしたためであった。大原は、「人道上捨て置き難い大事であると痛感[14]」し、地域住民が最善の治療を受けることができる病院を創設しようと考えたのであった。そこには、渋沢と同様、人間として、という視点が強かったことが垣間見える。

そして、方針として次のようなものを大原は打ち出した。「研究や慈善救済に偏しない」「充分な人数の看護師を配置して看護体制を充実させ、付き添いを全廃する」「院内スタッフに対する心づけや謝礼、贈り物などを一切厳禁とする」「病室に等級を設けず、寝具やその他の備品もすべて備え付け、患者全員を懇切で完全平等無差別に取り扱う」。同じ人間として、という視点を重視しようとしていた大原の忠恕の精神が表れている。

（4）官尊民卑の打破、在野からの公共性

渋沢は、欧米並みに日本が物質的発展を遂げるには、民力涵養が必要である、「個人的活動を進めていかねばな

らぬ」と考えていた（渋沢「慈善事業の過去現在」（『竜門雑誌』二七〇号、一九一〇年（『伝記資料』三〇巻、八一三頁）））。幕末に渡欧する際に渋沢は、スエズ運河が民間の株式会社によってつくられたことを知り、民間の力の結集が大きな経済発展の原動力になっていることを学んだ。また、フランスで目の当たりにした陸軍大佐と銀行家の対等な関係に渋沢は驚き、こうでなくてはならないと考えた。官尊民卑の風潮が強い日本との大きな違いを渋沢は感じたのであった。

「日本の例で云へば町人はいくら賢くてもお役人様の思召次第。事に依ると曲つた事が良くなつてしまう。甚しきは鷺を烏と無理押付をされることが幾らもある。然るに仏蘭西にはそんな弊害は無い。国民全体が平等で、役人なるが故に威張ると云ふことが無い。これが本当であるべきであるのに、日本の従来の有様はさうで無い。日本の此有様は改良せねばならぬ。此風習だけは日本に移したいものであると深く感じた」と渋沢は吐露していた（渋沢「新年所感（昭和四年正月三日）」（『竜門雑誌』四八五号、一九二九年（『伝記資料』一巻、六〇四〜六〇五頁）））。

豪農の家に生まれた渋沢は、要求された御用金を父の名代として代官に届けた若かりし頃、代官の無礼で不合理な横暴さに憤った経験を有していた。このような経験もあって、官尊民卑の悪弊の打破は渋沢の生涯の大きな目標となった。封建時代の官尊民卑の悪習を打破することなくして国家の発展はないと考えた渋沢は、「爾後今に至る迄、一日も民権の拡張に心を用ひざることとなし、（中略）吾輩は一生を通じて初期の一念を貫かんと欲す」と明かしていた（蓮沼門三・瓜生喜三郎など修養団の東北六県遊説参加者「東北の顚末を先輩に報告す」（『向上』三巻九号、一九一〇年（『伝記資料』四三巻、四二四頁）））。渋沢は、「官尊民卑を打破すると云ふことに就ては自分が一つ努力してみたいと心に留めた」のであった（前掲、渋沢「新年所感（昭和四年正月三日）」（『伝記資料』一巻、六〇四〜六〇五頁））。

そして渋沢は、「官」頼みや他人任せで知らぬふりをするという姿勢ではなく、自分にひきつけて自分の問題、使命として、民間の立場、いわゆる在野からの公共的な働きを率先しようと努力した。渋沢の言葉でいえば、何か問題が浮上した場合、「少しでも世のため国のため何かの役に立つことがあろうかと思うので」出て行って奔走する、それは、ちょうど孔子が自分が役に立つのであれば、どこの国から呼ばれようとも、微力をつくすつもりで出掛けて行ったことと同じだというのであった[15]。

大原の略歴を前述した際に、浮田和民による大原評を紹介したが、大原も、近代国民国家が性急に「上」から集中的につくられていた明治、大正という時代に、共存共栄をめざして、民間人の立場から、自らの主張にそって[16]、福祉実践を展開した。さまざまな社会文化貢献活動・支援には、一種の規範、あるいは基軸といえるものがあった。主張のない仕事はしないようにしているとも断言した大原は、新しい主張や動きを展開しようとしている人物、反抗心を持っているような人物を支援した。

大原もいわば、在野から公共性を担った人物の一人といって間違いはない。しかし、その活動において「民」の立場と自らの主張を固守しようとした度合いが強い大原と「官」との連携についても割合と柔軟だったと考えることのできる渋沢という相違が見受けられるので、その点は、相違点の箇所で詳述したい。

(5) ネットワーク——人と信頼の力の結集

「公益の追求」「官尊民卑の打破」と同様、渋沢を語る上で忘れてはならないものは、「合本主義」であろう。経済発展をさせることに関して渋沢は、元来、一人の力では限界があること、その上、日本では江戸時代からの伝統思想の影響で、商工業者の地位は依然として低く、また力も弱い、このような状況下で本節（1）で示したように、社会全体が富裕になることを目指していくには、「西洋に行はれる共力合本法を採用する」ことがもっとも緊要だと考えた（渋沢「雨夜譚」一八八七年（『伝記資料』二巻、九五頁））。

この合本主義に関する渋沢の考え方は経済活動だけに限られたわけではなかった。人の力、資本を結集していくという渋沢の合本を重視する姿勢は、福祉実践にも共通したものであった。渋沢は、「論語の徳は孤ならず必ず隣ありとあるが、人の道徳行為は決して孤立することはない」、良いと思う考え・動きには必ず隣・賛同者・協働者ができるものである、と頻繁に説いていた（渋沢「瓜生会館開館式」（『竜門雑誌』三七二号、一九一九年（『伝記資料』三〇巻、三八二頁））。そして、この「有隣」の考え方で渋沢は、実際に仲間を求めて連携していった。渋沢は、多くの寄付金を集めたが、これは善意の合本化であったといえよう。

日本語で社会関係資本と呼ばれているソーシャル・キャピタルについていち早く発信してきた稲葉陽二は、ソーシャル・キャピタルとは、「さまざまな人と人とのネットワーク、それに基づく信頼や規範」が社会関係資本、「単純にいってしまえば絆とその効果」が社会関係資本であり、「うまく利用すればとても有用である」との説明をおこなっている。[17] 最適と思われる人材とともに公益を追求して、より善い社会をつくっていこうとした渋沢の実践は、福祉分野のものも含めて、この社会関係資本、人的ネットワークという大きな特徴を無視しては説明することはできない。紙幅の都合上、本章では詳述しないが、たとえば、渋沢が最期まで理事長を務めた滝乃川学園（日本初の知的障がい者の施設）などに関しても、人的なつながり、いわば社会関係資本が大きく働いて渋沢はかかわり、支援するようになったと考えられる。

そして、大原が福祉実践をおこないつづけた一つの理由にも、人間のつながり、信頼、規範で説明できる社会関係資本とネットワークの存在を挙げることができる。[18] 大原の福祉実践は、社会関係資本を構成する信頼と人間のつながりから始まり、それに支えられ、それを活用した、という実態がある。このことについて、もう少し詳しくみていくことにする。

青年期に大失敗を犯した大原を父の孝四郎など周囲の人たちは、信じてそっと見守った。大原が父から体罰や激しい口頭での叱責を受けたとか、どこかへ閉じ込められたというようなことは伝えられていない。その代わりに孝四郎は、自らの勤勉な姿勢を示すことによって大原の反省を促し、自家の小作地や小作人の検分など、大原に役割を与えながら彼自身の置かれた立場を悟らせたと考えられる。さらに孝四郎は、林源十郎など、信頼のおける人物との交流による大原の成長にも心を砕いた。その結果、大原は林、そして林を通じて石井十次と親交を結ぶようになり、覚醒していった。孝四郎や周囲の人物による大原を信じる心、そして人的ネットワークが大原孫三郎という、後に活発に福祉実践を手掛けていった人材を育てたのである。つまり、大原の福祉実践は、人とのつながり、信頼に始まり、それによって支えられつづけてきたもの、いわば社会関係資本そのものであったといえる。

倉紡中央病院を設立しようとした際に大原は、京都帝国大学総長の荒木寅三郎医学博士と同医学部の島薗順次郎医学博士を訪問してアドバイスを得た。その後、両博士から別の医学博士も紹介してもらい、大原は構想を練り、それを実行に移した。

病院に限らず、大原の福祉実践によって生まれたものは、かたちや所属を変えて、財団法人や福祉法人、あるいは大学の所管となったものなどもあるが、現在まで引き継がれているものがほとんどである。社会関係資本、人的ネットワークが功を奏したゆえんといえよう。大原は、そのことを目的としていたわけではないが、結果として、倉敷日曜講演[19]など、自らの福祉実践などを通じて知り合った人とのつながりが財産となり、助けられた。大原は、学者やその道の専門家を尊重して「お任せする」という姿勢を貫いていたのだが、最高の専門家の助力を得て、最高のチームをつくることができた。そして時代要請・ニーズに応じた的確な助言を得ることができたのであった。

渋沢は公益を追求していくためにふさわしい人材を見出し、ときには育成し、実践を任せた。ちなみに、本シリーズの他の巻でも、多くの好例が紹介されている。信頼できる他の人物に任せるという、この渋沢スタイルは、大原にも共通するもので、渋沢も大原も、すべてを自らがおこなおうとしたのではなく、ネットワークを有効活用した。

自身の人的ネットワークを活用して、岡山・倉敷という地域で率先的に活動した大原は、自分が表舞台に出るのではなく、大原の仕事を全面から身近で支え、ブレーン中のブレーンと目された原澄治（一八七八〜一九六八）やそのほかの人物に任せた例が散見される。現在の山陽新聞につながる中国民報が大原による経営となった際、初代社長には原が、二代目社長には、大原の秘書も務め、のちに自分の故郷、宮崎県高鍋の町長となった柿原政一郎（一八八三〜一九六二）が就いた。大原は、若い頃の経験から政治の舞台には立たないと決めていたが、原が倉敷町長を務めるなど、まさに信頼できる人物に任せるスタイルを大原も多用していたことがうかがえる。

三　渋沢と大原の相違点——「鳥の目」と「虫の目」

ここまで渋沢と大原という在野から福祉のための実践を主導した先駆者に共通点が多々あることを確認してきた。日本全体を視野に入れて東京から全国を行脚した渋沢と岡山・倉敷に軸足をおいて視点を拡げながら活動していた大原では、やはり中央と地方中心という相違点が浮かび上がってくる。そこで、ここでは、もう少し細部にまで目を向けた場合に浮上してくる相違点を確認していくことにしたい。

(1)　それぞれの立脚点

倉敷を東洋のエルサレムにすることが自分の使命であると二二歳のときに決心した大原は晩年、「自分は倉敷という土地にあまり執着し過ぎた、倉敷という土地から早く離れて中央に出ていたら、もっと仕事ができていたはずだ。お前も、あまり地方のことに深入りすると、仕事の邪魔になるぞ」と息子の總一郎によく語っていた[20]。そのとおりで、大原の心と活動の拠点は決して倉敷を離れることはなかった。軸は倉敷であり、そこから同心円的に岡山県、山陽・山陰地方、関西地域、日本、東洋というように大原の視点、実践は拡がっていった。

一方の渋沢も、近代化を推進して経済を発展させ、日本全体をより善い社会にするためには、地域振興が絶対に必要だと考え、全国を行脚しながら支援をおこなった。渋沢にももちろん、特に密接に関与した地域も存在する。東北振興会の会長を務めた同地方や濃密な人的ネットワークを有した岡山や長岡などがそれに該当する。大原と同様、細部をしっかり見る「虫の目」も渋沢は有していた。しかし、高いところから全体を俯瞰する「鳥の目」の度合いは、「日本の資本主義の父」と後に呼ばれるようになった渋沢の方が、大原より強かったと考える。

(2) 家族観など伝統的な考え方をめぐって

渋沢は、論語を中心とした旧来の思想・学問に人生の指標を求めてきた。そして、それらの伝統思想や学問を活用して、人々の意識の近代化を推進しようとした。一方で、渋沢の家族観などには、脱守旧的、民主的な考え方が色濃くみられることは特筆すべきことである。

渋沢は、長女、歌子の夫で法学者の穂積陳重の協力を得て同族会を創設・整備した。そして、定期的に同族会議を開催し、財産と収支についての相談、重要問題、親戚や知人の冠婚葬祭への対応などを家族会議の議題に掲げた。家法と家訓を渋沢は制定したが、これらについても同族会議で協議した。つまり、家族という場にも民主制の息吹を入れようとしたのだと考えられる。

また、渋沢が守旧的な家族観を固持していたならば、決して断行しなかっただろうという例がある。それは、跡継ぎであった長男の篤二を東京地裁に届け出て廃嫡にしたことである。男尊、家父長制度がシステムとしても機能していた大正初年の日本社会において、女性関係の醜聞で長男を廃嫡にした人物がどのくらい存在したであろうか。渋沢が脱守旧的な家族観を持とうとしていたことを物語っている。

このような渋沢など、江戸時代の天保年間に誕生した人物が、「天保の老人」と呼ばれるようになった時代、大原たち、若者は「明治の新青年」と表現されるようになった。この「明治の新青年」大原は、考え方や実践などにおいて、革新性や民主性を好んで追求したと考えられるが、地域の名望家としての地位を祖先が闘争なども経て苦労して獲得してきたこともあってか、大原には、渋沢よりも強い守旧的な考え方、家族観などが見受けられると考える。

たとえば大原は、大原農業研究所を設立した理由を「祖先に対する報恩のため」と欧州留学中の子息、總一郎への書簡の中で示していた[21]。この例以外にも大原は、父や祖父の節目の回忌などに、土地などを地元の自治体や設立した農業研究所などに寄付して意味あるものにしようとしていた。

また、倉紡中央病院の受診を自社の従業員やその家族たちに限定するのではなく、地域住民にも開放しようと考えた理由の一つには、倉敷紡績は、倉敷の地で誕生し、発展することができたので、倉敷と倉敷の人々に何かしら報いたいという思いがあったからであろう。

(3) 明確な自分のスケッチと特定の個人的な動機

渋沢は、「官尊民卑の打破」を掲げて、「民」主導の先頭に立った。関東大震災後の復興のときも渋沢は、「官」がおこなってくれることを待つのではなく、「民」の力を結集して露店やバラックをつくっていった。

渋沢は、「中正の主義を持っているので、（中略）良いと思うことはどんどん進めていく」との見解を示していたように（前掲、渋沢「米廉売と小売商に就て」（『伝記資料』三〇巻、六九六頁））、儒教の中庸の精神で、極端に偏することはなかった。この中庸の精神は、「官」なのか、「民」なのか、という点についてもいえよう。渋沢は、公益を追求していくために相応しい担い手を見出し、もし、「官」と連携・協調していく方策が適切だと考えた場合には、

「官」と連携して―しかし「民」主導を重視して―まずは取り組んでみることを重視した。試行してみて、うまくいかなければ修正していく、という柔軟な姿勢で、「官」も巻き込んでいった。

しかし、この点は大原とは少し異なると考えられる。ありきたりな考え方を排し、主張を持つことを周囲にも厳しく求めた大原は、自分の明確なスケッチを探究し、自分のスケッチをその道の権威者などに提示してアドバイスを受けた。そして、自らが納得してスケッチに修正を加えることはあったとしても、他者主導、すなわち他者のスケッチと大きなすり合わせが必要となるかたちでスケッチに手を加えることは良しとしなかったといえる。

たとえば、大原社会問題研究所の設立許可を得るために上京した際、床次竹二郎内務大臣から、社会問題の研究などではなく、政府がかかわっている協調会に協力してほしいという要請を受けた。しかし、大原は、「政府のご都合などに左右されず」自分は、自分の主張で実践を展開していくと返答した。その他にも大原がきっぱりと断った例がある。[22]

さらに、大原の代表的な福祉実践の背後には、特定の個人的な動機の存在が渋沢よりも顕著であったと考えられる。[23] もちろん、渋沢にも縁故的な動機がみられないわけではないが、渋沢の場合は、公益の増大につながる、ということが一つの判断基準であり、それに適う場合は、柔軟に関与した側面も大きい。

大原にこのような点がなかったと言い切ることはできないが、しかし、大原の場合は、使命感を抱いて福祉実践を展開したそもそもの動機は、石井十次であった。ボロボロの服をまとって孤児を立派な人物に育てようとしていた石井の奮闘を目の当たりにし、大原は心を動かされた。大原が病院や若竹の園という保育園を設立した理由の一つも、また、社会問題の研究所を創設した根本的理由も石井の志の継承・発展であった。「石井さんが生存されていたら、果たして満足されたかなぁ、両方（社会問題研究所と労働科学研究所――引用者注）とも思わざる方向に行ってしまいましたよ」と大原は親交のあった田崎健作牧師に語っていた。[24] また、「私が時々、やけになって、また道楽を始めても、石井さんは必ず、大原は、立ち返って来る、彼は偉大な立派な人物になるのだと見守ってくれた。もし、石井さんが早く私を見放し、見捨てて下さったなら、私はどんなに気楽に、思うままに道楽をし、勝手気ままな人生を送る事ができたことか。しかし、私はまだ世間の悪評の中に我が儘道楽を続けておるにもかかわらず、石井さんは私を最後まで信じきって死んでいかれた。死ぬまで私を信じていただいた私としては、石井さんを何としても裏切ることはできなくなってしまった」と大原は田崎に吐露していた。

大原の福祉実践は、石井という特定の人物からの感化で始まり、石井の志を継ぐことで大きく発展し、石井という人物の大原を信じる心が大原に「片足に下駄、片足に靴」を履いて歩きつづけることを踏ん張らせたのであった。(25)

四　両者の福祉実践が現代に投げかけるもの

養育院の存廃が問題になったとき、税金での養育院維持に反対する意見が東京府会議員から出され、「渋沢は惰民を奨励する」「国賊であると非難するもの」があった（渋沢「開会の辞」（『第一回全国方面委員会議報告書』一九二八年（『伝記資料』三〇巻、五八九頁））。税金の投入について、どうするべきか、まさにこのジレンマが社会事業の大きな問題、難しい問題である。渋沢もこのときのことにふれながら、「私は未だ果たして何れがよいか断定できない（中略）此点は将来社会事業に関係せらるゝ人々によって深くご考慮を願ひたい」と明かしていた（同前、『伝記資料』三〇巻、五八九頁）。怠惰が原因で貧困に陥った人への対応をどうするべきか判断はつかないが、人に対する処置でもっとも重要なものは思いやりや親切であるから、ゆえに、親切に、その人の為を思って対応していかなくてはいけないと渋沢は考えていた。

どうすればよいかわからない、という姿勢は、大原にも共通のものであった。社会の問題をなくすため、救貧ではなく防貧の策を科学で考えるために大原は研究所を設立することにした。その際に大原は、強く感銘を受けた『貧乏物語』（弘文堂書房、一九一七年）の著者の河上肇を京都帝国大学に訪ねた。河上はその際、「研究所をつくるのなら、貴下の思想的立場をきめるのが先だろう」と大原に質した。これに対し大原は、「自分の思想がきまっておれば、研究所をつくって研究する必要はない。思想的立場がきまらないから研究所をつくるのだ(26)」と返答した。

渋沢も大原も、どうしたら良いかわからなかったが、ここまで考察してきたように、共存共栄のより善い社会をつくろうと「民」主導で福祉実践を展開した。その背景には、社会の恩恵によって成功した富者としての使命感や同じ人間として見捨ててはおけないという考え方があった。自分だけよければ良いという姿勢で問題を放っておく、あるいは見て見ぬふりをするのではなく、また、政府の動きを待つのではなく、自分たちの問題として未知の問題に挑んだのであった。

その際に渋沢には、「民」主導を主としながらも、状況によって公益の増大に適うと判断した場合は、「官」との協力を積極的に模索していくという「柔軟」な姿勢が見受けられた。たとえば、関東大震災後の復興時に渋沢は、政府の帝都復興審議会の委員などを引き受けて復興のために率先して働いた。一八七三年に大蔵省を辞めた際に渋沢は、もう政府には入らないと決めたにもかかわらず、である。渋沢は、東京を政治的な都市というよりも、近代日本を支える経済の中心地、商業都市に変えたい、という希望をかねてから有していた。それを実現する良い機会だととらえて政府の要請を受けて委員に就任したのであった。

このような、「民」の力だけでおこなうことに固執しない渋沢の考え方と実践は有意であると考える。なぜなら、内務省主導で日露戦争後に展開された地方改良運動の際も、また現代においても、「民」が独立自営で自主性をもっておこなうべきだ、と「民」に責任を帰結する論法がとられる危険があるためである。実際に現代においても、政府は動いたから、あとは「民」がおこなうべきだという主張が政治家によってなされた場面を目にしたことがある。政治や「官」の責務を最初から放棄するような姿勢には、渋沢スタイルが有効なのではないかと考える。渋沢は、「民」主導を信奉しながら、何が何でも「民」だけでおこなわなくてはいけない、という手法をとらず、場合によっては、「官」と連携しながら「官」を後押しした。

大原も地域の農会などの役員を引き受けたが、現代にも残っているそのほとんどの福祉実践においては、大原は自分の主張にそって描いたスケッチを固守して、自分がリードした。「官」と足並みをそろえるよりは自分がおこなおうとした。このような大原に近い人物としてたとえば森村市左衛門を挙げることができよう。日本で初めての民間財団、森村豊明会を設立した森村は、渋沢とともに寄付などをおこなったが、森村は、「国が関与する団体や活動にはいっさい寄付しなかった」と木村昌人は指摘している。[27]このことから、「官」との関わり方や考え方、すなわち柔軟性と固守の度合いなどの違いを軸に据えると、福祉実践者のタイプを渋沢タイプと大原タイプに類型化する作業の可能性もみえてくる。

渋沢の核となっていたものは、東アジアの伝統思想、儒教、特に論語であった。大原の場合は、儒家の流れを継ぎ、幼少期から儒教の影響を身近に受けていたが、「下駄と靴をはいて」の実践に大きなモチベーションを与え、それを生涯にわたって大原に維持させた力は、プロテスタント・キリスト教の方が大きかったのではなかろうか。森村の場合も、キリスト教の影響が強いといえるのかもしれない。このあたりが渋沢と大原に見受けられる相違点の由来なのか、単に、地域の名望家という地位が関係しているのか、「官」との関係、および関係性の考え方を軸にして福祉実践の先駆者たちを類型化していく作業をおこなっていけば、また新たに見えてくるものが出てくるはずである。両者の福祉実践が現代の我々に投げかけるもの、そして課題は依然として大きいと考える。

註

(1) 渋沢と大原の比較考察については、兼田麗子『福祉実践にかけた先駆者たち――留岡幸助と大原孫三郎』(藤原書店、二〇〇四年)第九章なども参照。
(2) 兼田麗子「大原孫三郎が地域社会貢献に尽力し続けた三つ目の理由――指摘済みの二つに加えて」(『桜美林大学研究紀要　社会科学研究』三号、二〇二三年三月)。
(3) 『中学道徳あすを生きる　三』(平成三一年度文部科学省検定済教科書)(日本文教出版、二〇一八年)一〇五頁。
(4) 浮田和民「第二十世紀式の公共的事業――備中倉敷の大原孫三郎君」(『太陽』一八巻二号、一九一二年二月)一〇～一二頁。
(5) 暉峻義等博士追憶出版刊行会編『暉峻義等博士と労働科学』(同会、一九六七年)九二頁。
(6) 渋沢秀雄『明治を耕した話』(青蛙房、一九七七年)一三〇、一四五頁。同「渋沢栄一」(犬養健・鳩山一郎・原奎一郎・浜口雄彦・橋本永邦・長与善郎・夏目伸六・児玉秀雄・小村捷治・浅野総一郎・渋沢秀雄・森於莵『父の映像』、筑摩書房、一九八八年)二一〇頁。
(7) 山本勇夫編『渋沢栄一全集』第三巻(平凡社、一九三〇年)五七二頁。
(8) 大原孫三郎傳刊行会編『大原孫三郎傳』(中央公論事業出版、一九八三年)三六～三七、五五～五六頁。
(9) 同前、大原孫三郎傳刊行会編『大原孫三郎傳』四八頁。
(10) 前掲、山本勇夫編『渋沢栄一全集』第五巻、六二〇頁。
(11) 渋沢栄一『論語講義(一)』(講談社、一九七七年)六七頁。
(12) 生活困難者などを救済する制度は、恤救規則しかなかったことは本章の冒頭でふれたが、第一次世界大戦後の不況、関東大震災、一九二七年の金融恐慌の発生によって、困窮者が増大した。そのため、恤救規則の救済対象者や救済の範囲を大幅に拡充することを目的とした救護法が一九二九年三月に成立した。しかし、成立はしたものの、厳しい経済状況の中での財源確保の問題から救護法の実施は難航した。そのため、成立の二年後の二月には、一〇〇〇人を超える全国の方面委員の代表が「救護法実施請願の表」を提出するに至った。渋沢も病身をおして救護法実施のために尽力した。このときの無理がたたったのではないかという見方もあるが、渋沢が死去した二か月後に救護法は実施となった。
(13) 犬飼亀三郎『大原孫三郎父子と原澄治』(倉敷新聞社、一九七三年)七八～八〇頁。病院については兼田麗子『大原孫三郎――善意と戦略の経営者』(中央公論新社、二〇一二年)第四章で詳述した。

(14) 前掲、大原孫三郎傳刊行会編『大原孫三郎傳』一六〇頁。
(15) 前掲、渋沢『論語講義（二）』一五～一六頁。
(16) 大原の主張については、兼田麗子『戦後復興と大原總一郎——国産合成繊維ビニロンにかけて』（成文堂、二〇一二年）第二章、同『大原孫三郎の社会文化貢献』（成文堂、二〇〇九年）第四章などで詳述した。
(17) 定義を含め、社会関係資本の基礎的概念については、稲葉陽二『ソーシャル・キャピタル入門——孤立から絆へ』（中央公論新社、二〇一一年）、同『企業不祥事はなぜ起きるのか——ソーシャル・キャピタルから読み解く組織風土』（中央公論新社、二〇一七年）を主として参照。
(18) 前掲、兼田「大原孫三郎が地域社会貢献に尽力し続けた三つ目の理由」参照。
(19) 倉敷日曜講演は、倉敷地域の人たちが直接話をきく機会があまりなかった全国的に著名な人物たちを大原が自費で招聘して、地域の小学校の講堂などで開催された。長くはつづかないだろうと予想した人たちもいたようであるが、この無料公開講演会は、一九〇二年から一九二五年までの二四年間にわたって合計で七六回つづけられた。
(20) 大原總一郎『大原總一郎随想全集二』（福武書店、一九八一年）七一頁。
(21) 大原総一郎「大原敬堂十話」（高川格・藤原義江・古賀忠道・中西悟堂・斯波孝四郎・河竹繁俊・大原総一郎・杉道助・田中美和太郎・今村荒男『十人百話　五』、毎日新聞社、一九六四年）一二二頁。
(22) 床次への主張は前掲、大原孫三郎傳刊行会編『大原孫三郎傳』一三三頁。本巻のコラム4の例もこれに該当するように感じられる。
(23) 大原美術館設立は、亡き「心友」、児島虎次郎を偲ぶことが大きな動機となっていた。
(24) 田崎に大原が語った内容は、大原家所蔵のインタビュー録の一つである「田崎健作インタビュー録」（一九六六年四月）を参照。
(25) 経済的活動と社会文化貢献の両立の難しさを孫三郎は、「下駄と靴とを片足ずつ同時に履いて行けると思つていたが、この考え方は無理だつたことを悟つた」と周囲の人達によく語っていた。（江口邦之『敬堂大原孫三郎伝・草案』（未定稿・稿本、一九五五年）一〇六〇頁）。
(26) 前掲、大原孫三郎傳刊行会編『大原孫三郎傳』一三三～一三四頁。
(27) 木村昌人『渋沢栄一——日本のインフラを創った民間経済の巨人』（筑摩書房、二〇二〇年）二三〇頁、本シリーズ『帰一協会の挑戦と渋沢栄一』所収、木村「森村市左衛門」一二三頁。

コラム3

感恩講
——民間福祉事業の先駆的存在

木村　昌人

感恩講の誕生

渋沢は秋田の鉱物資源の開発に関心を持っていたが、必ずしも関係が深いとはいえない。一方、秋田地方には、江戸期に創始され現在までつづく感恩講という社会事業的な組織がある。本コラムでは、「感恩講」の活動の紹介をした上で、それを渋沢が社会事業に果たした役割と照らして考えてみたい。

江戸時代、東北各藩にとって自然災害や凶作などに起因する多数の困窮者をいかに救済するかは解決の困難な課題であった。たとえば天明の飢饉（一七八二〜一七八八年）で餓死者を出さなかったのは、松平定信（一七五九〜一八二九）が藩主の白河藩だけであった。後に老中となった定信は領民との共助の経験を活かし、一七九二年江戸町会所を設置した。「七分積金」として知られる町民による積立て資金は、東京養育院の設立資金にもなった。

東北各藩が抜本的な困窮者救済対策を実施できなかった大きな理由は、藩財政の逼迫であった。天保期の凶作による惨状を救済するため秋田藩では、第一〇代藩主佐竹義厚《よしひろ》の意を汲んだ町奉行橋本五郎左衛門秀實《ひでざね》が、一八二七年大晦日、年末のあいさつに来た那波三郎右衛門祐《ゆう》生《せい》（一七七二〜一八三七）に困窮者救済の資金調達を検討するように要請した。秀實は小禄にもかかわらず、その才能を買われ、酒造方、土崎湊出入役所、江戸詰を経て町奉行に抜擢された。秀實は秋田藩内ばかりでなく北前船や江戸から得る最新の情報を活用し、養蚕業の育成に取組んだ。彼は『八丁夜話』（一八四五年）の中で、米作と養蚕の両立を説き、領民の自発的な殖産意識を引き出すことこそ、藩の指導の要諦であるという信念を抱いていた。これは、「公」のために上下の身分を問わず、柔軟さを以て尽くすという感恩講の精神と共通する。

橋本の要請に応えた那波家は、佐竹家の御用達商人で呉服、醸造など手広く商いをおこなっていた。那波家第八代当主の祐生は幼少の頃、家業の不振のため苦労した経験から、困窮者救済の必要性を痛感していた。そこで、上下の関係なく平等の立場で、町民相互が助け合い、守りあっていくかたちの組織の設立を考えた。一八二九年祐生は、町奉行橋本五郎左衛門の助言を受け、藩財政に負担をかけずに町人が出資、運営する貧民救済組織をつくるため仲間の商人と相談した結果、民間資金により得た知行地を基本財産とした感恩講の仕組みを提案した。

「講」とはもともと仏典を研究する僧侶の集団をさしたが、『国史大事典』（吉川弘文館）によれば、宗教・経済上の目的を達成するために組まれた集団をさす。鎌倉時代には存在していた記録があり、江戸時代に発達したが、日本各地でさまざまなかたちに変わっていく。その流れは、二つに大別される。一つは民間の金融組織である。「頼母子講」「無尽講」「恵比寿講」などである。講員が掛け金を長期間出し合い、入札または抽籤《ちゅうせん》で毎回その中の一人が交代で所定の金額を受け取り、全員に渡し終えた時点で講を解散した。もう一つは、同一の信仰を持つ人々が組織したもので、「成田講」「伊勢講」「富士講」「大山講」などがある。信仰の対象への参拝旅行やその旅費の積立などをおこなっていた。

祐生は、感恩講を一回限りの施しではなく、知行地から得られる米や銀で継続的な救済をおこなう組織にした。祐生自ら四〇〇両を献金する一方、資金集めに奔走し、最終的に献金者一九一人、献金額は二〇〇〇両に到達した。藩の許可を得て、二四一石の知行地を得て、一八三〇年備倉二棟を本町六丁目（現秋田市大町六丁目）の火除地に建築することに決め工事を開始した。町奉行所からは屋根瓦門柵などが下され、町民からは金銭や木石を寄付するものも多く、資金を出せない人は労働を提供したという。「上のものに非ず、下のものに非ず、藩主のものではなく、那波のものでもなく、出資した誰のものでもない」（『感恩講図巻』）という精神が貫かれた。

この結果、当初予算は一万貫文と見積もられたが、実際に工事費用は半分の五〇〇〇貫文に節約できた。組織は年番（年ごとに交替する運営責任者）、用掛（年盤を補佐する実務者）、下役（用掛の下で庶務をおこなう実務者）からなり、困窮者に対して米、金銭、医薬、防寒衣料、薪炭などを施した。同年雄物川《おものがわ》の旧河口にあり北前船の寄港地として栄えた土崎湊町にも「土崎湊感恩講」が創設された。町人一六一人が持ち寄った資産が原資となった。

一八三三年から翌年にかけての大凶作の影響により東北各藩では大量の飢餓者が出たが、秋田久保田町では一人の餓死者も出なかった。翌年、祐生は、将来の凶荒に備えて、藩内各部にさらなる「たくわえ」の方法を設けてほしいと建言し、文政から慶応年間に知行地は雄勝《おがつ》、仙北、河辺など藩内に広がった。また門目《かどのめ》、大舘にも地元町民が中心となり、感恩講が設立された。江戸時代には、各地に町民共助の精神で実施された伊勢の「施薬奉仕」や博多の「備蓄米の倉」などの事例があるが、感恩講という名前は秋田県内だけで使用されていた。

明治以降――財団法人（公益法人）としての歩み

明治新政府が誕生し、感恩講は危機に見舞われた。一八七一年の廃藩置県につづき、二年後の地租改正令により「知行高」の政府没収が実行されることとなった。このときは関係者の陳情により、当面事業を継続することができたが、資産は暫時減少し、事業継続が困難となった。一八八五年に、講の財産や帳簿公開をめぐって内部から寄付者の共有権と年番（管理者）に寄付者に対する説明責任を求める反対訴訟が起こされた。訴えは認められなかったが、これをきっかけに、感恩講の年番である那波三郎衛門、加賀谷長兵衛、村山三之助、佐藤文右衛門らが中心となり、大審院評定官による指導と、司法省法律省のお雇い外国人グスタフ・エミール・ボアソナード（Gustave Emile Boissonade de Fontarabie）の助言指導を受けた。その結果、感恩講は一種の法人と見なされ、出資金は所有権を放棄した義援金とされた。一八九〇年に創設以来の慣例の精神と内容を「感恩講慣例」として明文化した。一八九八年民法施行法第一九条に基づき、財団法人として認可される。感恩講創設以来七〇年間に延べ約三五五万七〇〇〇人が保護救済された。皇室からも感恩講事業奨励のためとして、たびたび下賜金を受け取った。

一九〇二年、感恩講を視察に訪れた内務書記官井上友一による貧困時の救済に関する進言を得て、年番は調査研究に着手した。翌年、年番が上京し有識者を訪ね、「窮民の私邸を収容してこれに衣食を与え、教育を施し、独立自営の途を立てさせることが貧困児救育の有効な方法」との事業理念を確立し、児童保育院規則を作成した。一九〇五年一一月に内務省より設立認可を受け、秋田市内に木造二階建て九〇坪の家屋と敷地六〇〇坪を購入した。院長に加賀谷長兵衛を推薦し、窮民の児童五名を収容して事業式をおこなった。翌年四月の創立記念日には内務大臣、県知事などの来賓を迎えて開院式を挙行した。院内では児童たちに尋常小学校の授業をおこなった。一九一一年、事業拡張に伴い、秋田市仲亀ノ丁上町に新築移転した。翌年には、閑院宮、一九二一年には淳宮（のちの秩父宮）、光宮（のちの高松宮）など皇族が視察に訪れた。一九三六年には保育所を併設した。

一九四七年ＧＨＱによる占領期、農地改革により、感恩講が保有していた田約五二ヘクタールが政府に買い上げられ、施米による救貧事業は停止せざるを得なかった。しかし翌年児童福祉法の施行により「養護施設」として、また一九五二年には社会福祉法人として認可され、二〇〇五年には児童保育院創立一〇〇周年を迎えた。ちなみに一九六四年東京オリンピックの男子体操個人総合で金メダルを取った遠藤誠治は卒業生である。現在は社会福祉法人感恩講児童保育園として秋田市寺内神屋敷に移転し、四三名（四五名定員）の児童が生活している。少子高齢社会にもかかわらず、親の虐待や育児放棄により児童保育院を必要としている児童の人口比の割合はかえって増加しているという。

渋沢栄一との関係

感恩講と渋沢栄一との関係が必ずしも明らかではないが、類似点は多いと考えられる。渋沢は生涯に二度秋田を訪問している。秋田には一八七八年、第四八国立銀行が、また二年後には第一国立銀行秋田支店も開設された。翌一八八一年五月に初めて秋田を訪れた渋沢は、秋田地方は、山は鬱蒼として川は平流で土地は潤い、米作、鉱山などの資源に恵まれている、と『東京経済雑誌』（一八八二年七月）に感想を述べている。一九一二年の秋田銀行本店（現秋田市立赤れんが郷土館）落成式にも招待されたが、自動車事故による負傷のため欠席した。二度目の訪問は一九一七年一〇月で、地域振興を促すため、新潟県長岡から福島、山形を経て土崎と秋田を訪れている。県議事堂と秋田銀行本店で講話をおこない、その中で日本鉄道株式会社の株主の一人、那波三郎右衛門とは旧知の仲と渋沢は語っているが、感恩講には触れていない。

一九一一年一一月八日、全国育児事業経営者慰労園遊会を飛鳥山で開催したときには、秋田感恩講の理事高堂兵右衛門と児童保育院族々《ママ》長心得の二人が招待されている。

一九一七年一一月、渋沢が会長を務めた中央慈善協会第四回全国救済事業大会では、協議部会特別委員として、東北地方から唯一人感恩講理事加賀谷長兵衛が選ばれ、今後の救貧事業を健全に発達させる方法や将来注力すべき社会的施設などを検討している。加賀谷長兵衛は、加賀国の出身といわれる商人で、江戸時代は秋田で貸金と質屋を営み、明治になると古着や呉服も取り扱った。また同地の世話役としても活躍した。感恩講は、上下の身分に関係ないという精神をもち、藩主や奉行の示唆を受けながらも那波家のリーダーシップのもとに数多くの町民に参加を求めた。その方式は、渋沢が奉加帳の最初に自分の名前と寄付金額を記し、できるだけ多くの人々から寄付を募った合本法に合致していると思われる。

感恩講は、現在の社会福祉法人と比較すると、藩に財政的な負担をかけずに町民中心の公益信託であったことや、年番がその運営を事務局任せにせず積極的に関与しているために機動力があった点が評価できよう。他方、最大の問題点は公開性の欠如である。講というものの性格からやむを得ない点があるが、広く町民の意見を聞く総会のような場がなかったし、帳簿が非公開であったため、法人化の際にその閉鎖性がトラブルの原因となった。

感恩講の精神や活動は、経済人が「民」の中心として「官」と協力し合う福祉活動の原型として再評価する必要があろう。

参考文献

国史大辞典編集委員会『国史大事典』（吉川弘文館、一九七九〜一九九七年）。
高野進「渋沢栄一と感恩講——九〇年前の江戸期に生まれた公益団体の姿」（『秋田魁新報』二〇一九年七月一九日付）。

出口正之「日本における民放施行前の『講』と現代非営利組織（ＮＰＯ）との特製の共通性」（『国立民俗博物館研究報告』三八巻三号、二〇一四年）二九九～三三五頁。

平福百穂画『感恩講図巻』Album de L'Association "KAN-ON-KO"（感恩講、一九〇五年）。

『東京経済雑誌』（経済雑誌社、一二〇号、一八八二年七月）。

社会福祉法人感恩講児童保育院「感恩講の歴史」(http://www.kanonko.jp/history.html)（参照二〇二四年九月一〇日）。

コラム4

備前・閑谷学校をめぐる人々と福祉事業

町　泉寿郎

閑谷学校から渋沢と儒教のかかわりを考える

筆者は近年「近代漢学」に関連する資料調査の一環として、全国各地の藩校や私塾の関連施設を訪問したり、関連資料を調査する機会を持った。管見の限り、廃藩置県後の各地における藩校の後継組織では、それを教育制度に基づく公立中学校などの中等教育組織に改変する努力を講じたが、その転換は決して平坦ではなく、相当の歳月と曲折を要することが多く、またそれは各地域の政治動向とも連動した。あえていえば、この取組みが各地における近代教育史の基調をなす。

本コラムの主題である閑谷学校は、一七世紀末に遡る国内現存最古の学校施設として著名である。いわゆる藩士教育のための藩校とは異なり、その隣国との境界にある立地と、そこからほど近い和意谷《わいだに》敦土山《あづちやま》（備前市吉永町）に藩主池田家の儒式の墓域が造営されていることと併せて、儒教に基づく統治思想の表現として注目すべき遺構である。岡山藩関係者にとっては、藩祖池田光政（一六〇九～一六八二）と大儒熊沢蕃山（一六一九～一六九一）所縁の施設であり、藩主池田家や岡山藩士のみならず地元領民にとっても、特別な意味を持った。

渋沢栄一を近代日本における儒教思想や漢学教育の鼓吹者と見立てるならば、閑谷学校のような施設の維持存続に関与してもよいはずだが、そうした形跡はない。やはり渋沢の儒教関連の社会公共事業支援は、徳川家所縁の湯島聖堂や「論語と算盤」で意気投合した三島中洲の二松学舎などの例が示す如く、理念先行の活動ではなく、個人的縁故が優先されたように見える。逆説的に聞こえるかもしれないが、そこにこそ渋沢の儒教的な行動規範が読み取れるようにも思う。

だとすると、渋沢との関係が深くない閑谷学校とその関係者のコラムは不要、と言われかねない。しかし、渋沢が関与しなかったのはそれだけの理由があってのことであれば、その理由を考えることにも少しは意義がある。また閑谷学校関係者中には渋沢の交友圏内の人物が散見され、中には福祉事業への関与が知られる者もあるので、この点について略述してみようと思うのである。

閑谷学校はだれがどのように維持してきたのか

明治初期、藩校および閑谷学校における西毅一（一八四三～一九〇四）による急進的な洋学導入が岡本巍ら岡山藩士族の抵抗を招き、山田方谷の閑谷招聘につながる。だが方谷はあくまで客員講師の姿勢を貫き、士族たちの自主的な運営を尊重した。地域の自主性を尊重し、それぞれの地域の者に委ねる、また岡山には委ねるに足る人物たちが乏しくない。中川横太郎・岡本巍・谷川達海、それに西毅一など閑谷学校の存続に当たった中心人物は、渋沢が後年、実業や社会福祉事業などさまざまな場面で出会う人物たちでもあるのだ。

方谷の出講は、閑谷学校における陽明学の復活に一定程度貢献した。閑谷における晩年の方谷はそれまでの朱注中心の講義から陽明学を主にした講義に転換し、岡本巍らに影響を与えた。おそらくこれは方谷の熊沢蕃山以来の学問伝統に対する敬意に発するものであろう。そして岡本巍が聴講した方谷晩年の陽明学（「一気の自然に順ふ」等の思想）は、少なくとも方谷高弟を自認する三島中洲に一定の省察を促すものとなった。

岡山の旧制学校といえば、第六高等学校が想起されるが、その設立は一九〇〇年のことで、明治一〇年代には旧藩以来の藩校を継承した岡山学校（中学校・師範学校）と岡山藩医学館を継承した岡山県医学校があった。閑谷黌（閑谷学校）から岡山県医学校への進学者も少なくなかったが、一八八八年四月に岡山県医学校は第三高等中学校医学部に改組される。その改組時に大量の退学者が出ていることはほとんど知られていないけれども、岡山の民権運動家と交流のあった学校関係者と中央政府とのあいだに生じた軋轢が背景にあったと推測される。この改組時期の在校生として、社会事業家として知られるキリスト者の石井十次（現宮崎県高鍋町出身）や、第一生命保険創設やポケット論語の著作で知られる矢野恒太（現岡山市出身）がいる。石井十次とは明治三〇年代に岡山孤児院の活動を通して、矢野恒太とは大正昭和期の斯文会や論語普及において、それぞれ渋沢が交流を持った人物である。

前述の西毅一は、一八六九年の上海渡航以来、日清提携の重要性を唱え、また一八八一年の民権運動期には両備作三国親睦会を興して政府に国会開設を建白し、同時に閑谷学校に関しては拙速な洋学導入の前非を改めてその再興に尽くした。門下に山陽新報に拠って民権運動に関与し後に文部大臣となる小松原英太郎や、塩業家野崎武吉郎の援助によって上海・日清貿易研究所に学び日中貿易開拓者として知られる白岩龍平が出ている。ともに渋沢と交流のある人物であり、渋沢が東京養育院の実務者として重用した安達憲忠と小松原は山陽新報時代の同僚でもある。

閑谷学校の運営組織としては、一八八一年に設立された閑谷保黌会が、備前八郡の各郡長と謀って義捐金を募り閑谷黌として再興した。閑谷保黌会には会長と幹事が置かれ、また閑谷黌長には西毅一が就任した。会長は委員の互選によって選出され、初期の委員としては西毅一・中川横太郎・岡本巍・谷川達海・小野楨一郎・中野寿吉・大森安太郎・新庄厚信・香川真一・草加廉男・万波忠治・森下景端・花房端連・三村久吾らが名を連ねた。

香川真一（一八三五～一九二〇）は岡山藩士の家に生まれ、江戸で蘭学を学び、維新後、岩倉使節団に従って渡欧。帰国後は地方官を歴任し、大分県令を最後に、備前邑久郡牛窓に帰隠し、以後は岡山の政官界・実業界で重きをなした。地元牛窓の学校建設にも尽力し、閑谷保黌会の会長にもたびたび選出されている。渋沢とは、商工会議所連合会などでしばしば同席する人物である。

閑谷保黌会に関与した岡山藩士族たちの活動は、あるいは国会開設など中央政府への政治的要求となり、あるいは鉄道敷設や紡績産業などの実業や都市インフラ整備となり、さまざまなかたちで地域の近代化を促した。閑谷学校存続や次に述べる社会福祉事業もこうした地域近代化事業の一環と捉えることができる。

岡山藩士族たちによる社会福祉事業

閑谷保黌会と重なり合う人物たちが社会福祉団体の設立に携わっている事例として、石井十次の岡山孤児院創設と相前後して、一八八八年に花房端連（一八二四～一八九九、外交官花房義質の父）らが開設する岡山感化院がある。また、一八九七年には、花房端連・野崎万三郎らが中心となって県下有志の資金援助を得て設立する備作恵済会がある（現在も後身の団体が存続）。

漢学者山田貞芳（一八六九～一九二〇）も備作恵済会の感化事業に関与した一人である。山田は岡山池田家の支藩生坂藩士の家に生まれ、倉敷で犬飼松窓に、東京で根本通明・重野安繹に学び、明治末期には感化事業に関与し、内務省主催による感化救済事業講習会にも参加している。内務省主導の地方改良運動に、地方の名望家が動員されている一例といえる。一九〇八年一〇月八日付け野崎万三郎宛の書簡（二松学舎大学所蔵）に次のようにある。

扨九月一日よりの感化救済事業講習、弥昨日修了式を挙行せられ、平田内相・床次地方局長、其他数十之来賓講師等出席、講習生に講習証書を授与せられ候。午后一時より引続、中央慈善「団」会之発会式有之、渋沢男老軀を捧けて懇篤なる演説有之、引続平田内相・田中宮相・小松原文相・岡部法相・後藤男・清浦子等之祝詞演説を拝聴致し候。御高庇によりて月余に亘り候長期之講習にて多少蒙を啓き候廉々も不鮮候。本日より十六日迄、内務当局者引率之もとに各地視察之途に上る筈に候。

山田書簡は、この時期の渋沢の活動が内務省主導の事業と軌を一にするものと人々の目に映じていたことを示す。

　岡山の近代化、あるいはその一展開として閑谷学校の存続を考えるとき、もう一つ目を惹くのが、上記の西・花房・岡本・中川ら旧藩士だけでなく、幕末維新期に岡山藩士の末端に組み入れられ、さらに中央・地方の官吏に転身した相当数の豪農階級出身者の存在である。明治初期の岡山では、地租改正事業や士族授産事業を通して、改革派士族と豪農・豪商層が結束を強めていった。

　たとえば、野崎万三郎（一八三九～一九一〇）は、吉井川河口の西幸西村（現岡山市東区）の庄屋の家に生まれ一八六九年に岡山藩士に取り立てられ、二年後の岡山藩による悪田畑改良事業の時に農民代表となって租税額の改正に成功した人物である。一八七二年に大蔵省租税寮一二等出仕を拝したが、すぐに辞して帰郷し、長く岡山県庁に奉職して地租改正事業などの民政に当たった。退官後も保黌会、備作恵済会、岡山貯蓄銀行、農工銀行など地域の公共事業に携わった。

　これとほぼ同様な出自をもつ津高郡加茂川（現吉備中央町）出身の片山重範（一八三八～一八九五）は、森田節斎や林鶴梁に学び漢学に長じた。一八六九年に岡山藩士に取り立てられ、民部省貢士候補として東京遊学し、大蔵省租税寮一二等出仕を拝した。東京で活動している片山は、保黌会や感化事業と直接関係しないが、中央官庁と県庁を結ぶ人脈として、野崎万三郎と片山重範のラインは看過できないであろう。

　その同族片山氏に生まれ、内務省地理寮に出仕し、岡山県久米北条郡長や小田郡長などを歴任し、後に岡山実業界の要職を占めた畠山省三（一八五三～一九二〇）も、閑谷保黌会や感化事業にも関与した。

渋沢はなぜ閑谷学校を支援しなかったのか

　以上述べたように、閑谷学校は岡山士族の誇りであるあるばかりでなく、和気郡地方の地域の誇りであった。再興された閑谷黌には地元和気郡からの入学者が特に多く、一八八四～一九〇二年までの入学生一八四一人中、和気郡出身は二六六人に上った。閑谷黌では漢学を維持しつつ中学校令に配慮した教育課程を整備し、一九〇三年に私立中学校として認可され、一九二一年に県立閑谷中学校（旧制）、一九四九年に県立和気閑谷高等学校（新制）となって今日に至る。

　一方、数々の社会福祉事業で知られる倉敷の富豪大原孫三郎もかつて閑谷黌に学んだ一人であるが、大原と閑谷学校との結びつきは深くない。野崎万三郎宛の岡本巍書簡（二松学舎大学所蔵）によれば、一九〇〇年、西黌長が健康不安を抱える中、組織強化を計画した閑谷保黌会では大原に資金援助を依頼したが、大原は寄付金提供の条件として関係者が到底承服できない保黌会解散と閑谷黌引渡しを要求し、交渉は決裂した。大原は、備前岡山関係者による閑谷学校の維持存続に何ら意義を見出さなかったように見える。大原と閑谷学校の関係についてはあらためて論ずるべきだが、彼の閑谷学校への冷淡さの理由を石井十次を通じたキリスト教入信に求めるだけでなく、備前岡山と備中倉敷の微妙な人間関係も視野に入れる必要があると思うのである。

　渋沢も閑谷学校に積極的にかかわっていないが、その意味は大原とは異なる。渋沢の儒教関連事業への支援は、理念先行でなく個人的縁故が優先されたように見えると冒頭に記したが、渋沢は三島中洲や阪谷朗廬・芳郎父子をはじめ備中地域との縁が深い。また明治期の岡山財界を牽引した岡山藩士族（杉山岩三郎・花房瑞連・谷川達海・香川真一ら）が閑谷学校の存続にも尽力していることを知悉していた渋沢は、閑谷学校に関しては自分が容喙するまでもないと考えたに違いないのである。

参考文献

閑谷黌編・発行『閑谷黌史』（一九〇二年）。

内藤正中『自由民権運動の研究』（青木書店、一九六四年）。

町泉寿郎「岡山県医学校（第三高等中学校医学部）在籍時の中島一太に関する資料の紹介」（『中島医家資料研究』一巻一号、二〇一八年）七四～七九頁。

町泉寿郎・清水信子・川邉雄大『三島中洲と近代　其六――近代日本と岡山の漢学者たち』（二松学舎大学大学資料展示室、二〇一八年）。

三島中洲「答岡本天岳書」「再答岡本天岳書」（三島中洲『中洲文稿』三集、博文館、一九一一年）巻一上篇の一三丁裏～一六丁表、一六丁裏～二四丁裏。

三島中洲「野崎君万三郎碑」（三島中洲『中洲文稿』四集、二松学舎、一九一七年）巻二上篇の四丁表～六丁表。

宮地正人『地域の視座から通史を撃て！』（校倉書房、二〇一六年）。

山田準編『山田方谷全集』（山田方谷全集刊行会、一九五一年）。

人名索引

あ　行

か　行

さ　行

た　行

な　行

事項索引

あ 行

か 行

さ 行

た 行

現　在　公益財団法人渋沢栄一記念財団相談役。
著　作　『太平洋にかける橋——渋沢栄一の生涯』（復刻版）不二出版，2017年。
『太平洋アジア——危険と希望』サイマル出版会，1991年。
Pacific Asia in the 1990s, London: Routledge, 1991.

山本　浩史（やまもと・ひろふみ）第六章
2010年　岡山大学大学院文化科学研究科博士後期課程修了。博士（文化科学）。
2023年　大阪府立大学大学院人間社会システム科学研究科博士後期課程修了。博士（社会福祉学）。
現　在　新見公立大学健康科学部地域福祉学科教授。
著　作　「石井十次の天職観——ウェーバーによる天職倫理との比較から」『社会福祉学』第47巻第４号，2007年。
「石井十次における孤児教育観の成立」『社会福祉学』第48巻第４号，2008年。
「創設期における済世顧問制度と済世顧問——笠井信一の思想を踏まえ」『社会福祉学』第53巻第１号，2012年。

木村　昌人（きむら・まさと）コラム３
1989年　慶応義塾大学大学院法学研究科政治学専攻博士課程修了。法学博士。
2019年　関西大学大学院東アジア文化研究科，論文博士（文化交渉学）。
現　在　東アジア文化交渉学会評議員。
著　書　『財界ネットワークと日米外交』山川出版社，1997年。
『渋沢栄一——日本のインフラを創った民間経済の巨人』筑摩書房，2020年。
『民間企業からの震災復興——関東大震災を経済視点で読みなおす』筑摩書房，2023年。
Tumultuous Decade: Empire, Society, and Diplomacy in 1930s Japan, edited by Masato Kimura and Tosh Minohara, Toronto; University of Toronto Press, 2013.

町　泉寿郎（まち・せんじゅろう）コラム４
1999年　二松学舎大学大学院文学研究科博士後期課程修了。博士（文学）。
現　在　二松学舎大学文学部教授。
著　作　『講座 近代日本と漢学』全８巻中、巻１・２・３・４共編著，戎光祥出版，2019～2020年。
『レオン・ド・ロニーと19世紀欧州東洋学——旧蔵漢籍の目録と研究』編著，汲古書院，2021年。
『日本近世医学史論考』Ⅰ・Ⅱ，公益財団法人武田科学振興財団，2022年。
『日本統治下の台湾・朝鮮と漢文教育／近代東アジア漢文教育の研究Ⅰ』編著，戎光祥出版，2023年。

2023年）。

関 根　仁（せきね・ひとし）コラム２
2005年　中央大学大学院文学研究科日本史学専攻博士後期課程単位取得退学。修士（史学）。
現　在　公益財団法人渋沢栄一記念財団渋沢史料館学芸員。
著　作　「ウィーン万国博覧会参加における御用掛」（松尾正人編『近代日本成立期の研究　政治・外交編』岩田書院，2018年）。
「渋沢栄一と万国博覧会――パリ万博（1867年）からパナマ太平洋万博（1915）まで」（佐野真由子編『万博学――万国博覧会という、世界を把握する方法』思文閣出版，2020年）。
「1876年フィラデルフィア万国博覧会と西郷従道」（万博学研究会編『万博学／Expo-logy』創刊号，思文閣出版，2022年）。

キャサリン・バダチャー（Katherine Badertscher）第四章
2015年　インディアナ大学リリー・ファミリー・スクール・オブ・フィランソロピー博士（フィランソロピー研究，米国史副専攻）（Ph.D., Philanthropic Studies with U.S. History Minor, Indiana University Lilly Family School of Philanthropy）。
現　在　インディアナ大学リリー・ファミリー・スクール・オブ・フィランソロピー　アカデミック・プログラム副学部長兼上級講師（Assistant Dean of Academic Program and Senior Lecturer, Indiana University Lilly Family School of Philanthropy）。
著　作　“Dr. Edna Henry and the Emergence of Social Work”, *Women at Indiana University* edited by A. Walton, Bloomington: Indiana University Press, 2022.
“Charity Evaluation” Hoosier Philanthropy edited by G. Witkowski Bloomington: Indiana University Press, 2022.

ドゥワイト・F・バーリンゲイム（Dwight F Burlingame）第四章
1974年　フロリダ州立大学博士（図書館学）（Florida State University, Ph.D. Library Science）。
現　在　インディアナ大学リリー・ファミリー・スクール・オブ・フィランソロピー名誉教授（Professor Emeritus, Indiana University Lilly Family School of Philanthropy）。
著　作　*Philanthropy in America: A Comprehensive Historical Encyclopedia* in 3 volumes，edited by Dwight F Burlingame, Santa Barbara: ABC Clio Press, 2004.

渋沢田鶴子（しぶさわ・たづこ）第五章
1997年　カリフォルニア大学ロサンゼルス校社会福祉学部　博士（社会福祉）（University of California, Los Angeles, PhD Social Welfare）。
現　在　公益財団法人渋沢栄一記念財団業務執行理事。
著　作　『ジェノグラム――家族のアセスメントと介入』監訳，　金剛出版，2018年。
Contemporary Clinical Practice with Asian Immigrants: A Relational Framework with Culturally Responsive Approaches, Co-authored with Irene Chung, London: Routledge, 2013.
Asian American Elders in the 21st Century: Key Indicators of Psychosocial Well-being, Co-authored with Ada Mui, New York: Columbia University Press, 2008.

渋沢　雅英（しぶさわ・まさひで）第五章
1950年　東京大学農学部卒業。
2019年　関西大学名誉博士。

執筆者紹介（執筆順，＊は編著者）

＊兼田　麗子（かねだ・れいこ）はしがき，序章，第四章（翻訳），第七章
　編著者紹介欄参照。

岡村東洋光（おかむら・とよみつ）第一章
　1986年　九州大学大学院経済学研究科博士課程単位取得退学。博士（経済学）
　　　　　九州産業大学名誉教授。
　著　作　『イギリス経済思想史』共著，ナカニシヤ出版，2004年。
　　　　　『英国のチャリティとフィランソロピーに関する歴史研究――ラウントリーを中心として』（(課題番号15530134)，2003-2004年度科学研究費補助金　基盤研究（C），研究成果報告書2005年)）。
　　　　　『英国福祉ボランタリズムの起源』共著，ミネルヴァ書房，2012年。

坂下　史（さかした・ちかし）第二章
　1999年　東京大学大学院人文社会系研究科博士課程単位取得退学。
　現　在　東京女子大学現代教養学部教授。
　著　作　「近世イギリスの社会公益事業――救貧・慈善をめぐる議論と救済の現場」（陶徳民・姜克實・見城悌治・桐原健真編『東アジアにおける公益思想の変容――近世から近代へ』日本経済評論社，2009年）。
　　　　　『近代イギリス科学の社会史』共著，昭和堂，2021年。
　　　　　『岩波講座世界歴史15　主権国家と革命』共著，岩波書店，2023年。
　　　　　『啓蒙思想の百科事典』編集委員，丸善出版，2023年。

岡部　造史（おかべ・ひろし）第三章
　2004年　東京都立大学大学院人文科学研究科史学専攻博士課程単位取得満期退学。
　2006年　博士（史学）。
　現　在　熊本学園大学社会福祉学部教授。
　著　作　『教養のフランス近現代史』共著，ミネルヴァ書房，2015年。
　　　　　『フランス第三共和政期の子どもと社会――統治権力としての児童保護』昭和堂，2017年。
　　　　　『フランスの歴史を知るための50章』共著，明石書店，2020年。

稲松　孝思（いなまつ・たかし）コラム１
　1989年　国立金沢大学医学部 医学博士。
　現　在　東京都健康長寿医療センター　顧問医。
　著　作　『MRSA 感染とその対策―― MRSA 共存時代の知恵』全日本病院出版会，1995年。
　　　　　「エマージングインフェクションとしての高齢者感染症」『日本老年医学会雑誌』第36巻，1999年。
　　　　　稲松孝思・中村弘・湊興志孝・河西量次「『養育院』を語る“形あるもの”」（『東京都養育院月報』解説・回想・総目次，不二出版，2017年）。
　　　　　「歴史探訪　黎明期の養育院と大久保一翁、渋沢栄一」（『東京都健康長寿医療センター病院、研究所開設50年・養育院創立150年記念誌』地方独立行政法人東京都健康長寿医療センター，

責任編集者紹介

見城　悌治（けんじょう・ていじ）

1990年　立命館大学大学院文学研究科博士後期課程単位取得退学。

2000年　博士（文学）

現　在　千葉大学大学院国際学術研究院教授。

著　作　『渋沢栄一――「道徳」と経済のあいだ』日本経済評論社，2008年。

『近代東アジアの経済倫理とその実践――渋沢栄一と張謇を中心に』共編，日本経済評論社，2009年。

『近代報徳思想と日本社会』ぺりかん社，2009年。

『留学生は近代日本で何を学んだのか――医薬・園芸・デザイン・師範』日本経済評論社，2018年。

『帰一協会の挑戦と渋沢栄一――グローバル時代の「普遍」をめざして』編著，ミネルヴァ書房，2018年。

『社会を支える「民」の育成と渋沢栄一――未来を拓く，次世代を創る』編著，ミネルヴァ書房，2021年。

飯森　明子（いいもり・あきこ）

2000年　常磐大学大学院人間科学研究科博士後期課程修了。博士（人間科学）。

現　在　津田塾大学言語文化研究所特任研究員。桜美林大学非常勤講師。早稲田大学アジア太平洋研究センター特別センター員。渋沢研究会運営委員。日本国際文化学会常任理事。

著　作　『関東大震災と日本外交』共著，草思社，1999年。

『太平洋問題調査会とその時代』共著，春風社，2010年。

『もう一つの日米交流史――日米協会資料で読む20世紀』共著，中央公論新社，2012年。

『戦争を乗り越えた日米交流――日米協会の役割と日米関係一九一七―一九六〇』彩流社，2017年。

『国際交流に託した渋沢栄一の望み――「民」による平和と共存の模索』編著，ミネルヴァ書房，2019年。

『はじめての渋沢栄一』共著，ミネルヴァ書房，2020年。

井上　潤（いのうえ・じゅん）

1984年　明治大学文学部史学地理学科日本史学専攻卒業。

現　在　公益財団法人渋沢栄一記念財団業務執行理事・渋沢史料館顧問。他に企業史料協議会監事，（公財）北区文化振興財団評議員，（公財）埼玉学生誘掖会評議員等を兼任。

著　作　『新時代の創造　公益の追求者・渋沢栄一』共著，山川出版社，1999年。

『渋沢栄一――近代日本社会の創造者』山川出版社，2012年。

『記憶と記録のなかの渋沢栄一』共著，法政大学出版局，2014年。

『渋沢栄一に学ぶ「論語と算盤」の経営』共著，同友館，2016年。

『渋沢栄一伝――道理に欠けず，正義に外れず』ミネルヴァ書房，2020年。

《編著者紹介》

兼田　麗子（かねだ・れいこ）

2004年　早稲田大学大学院博士後期課程単位取得退学。博士（学術）。

現　在　桜美林大学ビジネスマネジメント学群教授。

著　作　『福祉実践にかけた先駆者たち――留岡幸助と大原孫三郎』藤原書店，2003年。

『大原孫三郎の社会文化貢献』成文堂，2009年。

『戦後復興と大原總一郎――合成繊維ビニロンにかけて』成文堂，2012年。

『大原孫三郎――善意と戦略の経営者』中央公論新社，2012年。

「公益重視の資本主義の追求とリーダーシップ――渋沢栄一と大原總一郎」『経済研究』第33号，大東文化大学経済研究所，2020年。

「土光敏夫の実践と特徴――社会文化貢献的活動に焦点を当てて」『桜美林大学紀要　社会科学研究』第２号，2022年。

Reiko Kaneda, *Magosaburo Ohara-Zeni to Senryaku no Keieisha*（*Businessman with Good Intensions and Strategies*）, Tokyo；Kuraray Co., Ltd. 2015.

渋沢栄一と「フィランソロピー」④
官民を超えた渋沢栄一の福祉実践
――欧米からの知と前近代からの継承――

2024年11月１日　初版第１刷発行　〈検印省略〉

定価はカバーに
表示しています

編著者　兼田麗子
発行者　杉田啓三
印刷者　藤森英夫

発行所　株式会社　ミネルヴァ書房
607-8494　京都市山科区日ノ岡堤谷町１
電話代表　(075)581-5191
振替口座　01020-0-8076

亜細亜印刷

ISBN978-4-623-09760-9
Printed in Japan

渋沢栄一と「フィランソロピー」（全８巻）

責任編集：見城悌治・飯森明子・井上　潤

Ａ５判・上製

＊1　渋沢栄一は漢学とどう関わったか　町　泉寿郎編著

＊2　帰一協会の挑戦と渋沢栄一　見城　悌治編著

＊3　渋沢栄一がめざした「地域」の持続的成長　松本　和明編著

＊4　官民を超えた渋沢栄一の福祉実践　兼田　麗子編著

＊5　国際交流に託した渋沢栄一の望み　飯森　明子編著

＊6　社会を支える「民」の育成と渋沢栄一　見城　悌治編著

＊7　渋沢栄一はなぜ「宗教」を支援したのか　山口　輝臣編著

8　渋沢栄一による文化の継承と創造　井上　潤編著

（＊は既刊）

https://www.minervashobo.co.jp/